中证中小投资者服务中心
CHINA SECURITIES
INVESTOR SERVICES CENTER

投资者

INVESTOR

第16辑
（2021年11月）

郭文英　主编

法律出版社
LAW PRESS·CHINA
——北京——

图书在版编目(CIP)数据

投资者. 第16辑 / 郭文英主编. -- 北京 : 法律出版社, 2021

ISBN 978 -7 -5197 -6099 -1

Ⅰ. ①投… Ⅱ. ①郭… Ⅲ. ①投资－研究－中国 ②投资－金融法－研究－中国 Ⅳ. ①F832.48 ②D922.280.4

中国版本图书馆 CIP 数据核字(2021)第214275号

投资者(第16辑)
TOUZIZHE (DI-16 JI)

郭文英 主编

策划编辑 陈 妮
责任编辑 陈 妮 黄 筝
装帧设计 李 瞻

出版发行 法律出版社
编辑统筹 法治与经济出版分社
责任校对 王 丰 郭艳萍
责任印制 吕亚莉
经　　销 新华书店

开本 787毫米×1092毫米 1/16
印张 13.25 **字数** 236千
版本 2021年11月第1版
印次 2021年11月第1次印刷
印刷 固安华明印业有限公司

地址:北京市丰台区莲花池西里7号(100073)
网址:www.lawpress.com.cn
投稿邮箱:info@lawpress.com.cn
举报盗版邮箱:jbwq@lawpress.com.cn

销售电话:010－83938349
客服电话:010－83938350
咨询电话:010－63939796

书号:ISBN 978－7－5197－6099－1
定价:68.00元

凡购买本社图书,如有印装错误,我社负责退换。电话:010－83938349

投资者
INVESTOR

卷首语

《投资者》(第 16 辑)为第四届中小投资者服务论坛实录特辑。为贯彻落实党的十九届五中全会精神,推动上市公司高质量发展,促进投资者保护,由中证中小投资者服务中心(以下简称投服中心)、中国上市公司协会和中国证券投资基金业协会作为轮值主办单位,联合中国证券业协会、中国期货业协会共同举办的第四届中小投资者服务论坛(以下简称论坛)于 2021 年 9 月 3 日以线上云论坛方式成功召开。论坛重点展现近一年来各方在提高上市公司质量工作方面取得的积极进展,同时以 ESG 投资、公司治理、投保机构股东代位诉讼为切入点,探讨如何提高上市公司质量,以及如何加强投资者保护的有效路径和长效机制。

本届论坛以“提高上市公司质量,保障投资者合法权益”为主题。总论坛领导讲话环节由投服中心董事长郭文英主持。最高人民法院审委会副部级专职委员刘贵祥、中国证监会副主席阎庆民、中国上市公司协会会长宋志平及上海市地方金融监督管理局局长解冬发表重要讲话。刘贵祥专委在讲话中表示,近年来,最高人民法院通过制定司法解释与司法政策、依法公正高效审理案件、加强审判机构建设等工作,促进上市公司质量提升,维护投资者合法权益。下一阶段,将进一步完善投资者保护的司法规则,加强典型案件审理,并在最高人民法院与中国证监会建立的资本市场多元化纠纷解决机制基础上,继续大力支持投服中心等投资者保护机构开展工作,充分调动市场专业资源化解矛盾纠纷的积极性。阎庆民副主席指出,高质量的上市公司是投资者权益保护的源头活水。中国证监会以注册制和退市制度改革为抓手,通过完善基础制度建设、强化上市公司监管、严厉打击违法违规行为、推动投资者保护制度落地实施等一系列举措,持续提高上市公司质量、保障投资者合法权益。“十四五”时期我国进入新发展阶段,上市公司监管和投资者保护工作将贯彻新发展理念,融入新发展格局,坚持初心使命,努力提升广大投资者的获得感,更好服务经济社会高质量发展。宋志平会长强调,资本市场助力构建新发展格局,高质量的上市公司是资本市场的微观基础。我们的资本市场拥有越来越多的高质量上市公司,我们的投资者就会对资本市场,对经济社会发展越有信心,也会更支持上市公司的发展,形成更良性的循环。

总论坛主旨演讲环节由中国上市公司协会执行副会长柳磊主持,中国证监会上市公司监管部、国务院国资委产权管理局、沪深证券交易所、中国证券投资者保护基金有限责任公司、全国中小企业股份转让系统有限责任公司、中国证券业协会、中国期货业协会、中国证券投资基金业协会、投服中心等10家单位相关负责人进行主旨演讲,分析我国资本市场上市公司高质量发展面临的机遇与挑战,探讨提高上市公司质量、加强投资者保护的路径和举措,凝聚各方合力推动资本市场健康发展。

三个专题论坛分别以"发展ESG投资　服务高质量发展""规范公司治理　促进投资者保护""投保机构股东代位诉讼实务探讨"为主题,参会嘉宾通过政策解读、案例分享及理论分析等形式积极倡导ESG投资理念,为提高公司治理水平、推动投保机构股东代位诉讼实践献计献策。

目　录

CONTENTS

I 主持致辞

INVESTOR

中证中小投资者服务中心董事长郭文英在第四届中小投资者服务论坛上的致辞

郭文英*

尊敬的刘贵祥专委、阎庆民副主席、宋志平会长，各位领导，女士们、先生们，投资者朋友们：

大家上午好！

由中证中小投资者服务中心（以下简称投服中心）、中国上市公司协会、中国证券投资基金业协会作为轮值主办单位，联合中国证券业协会、中国期货业协会共同举办，上海市虹口区人民政府特别支持的第四届中小投资者服务论坛今天正式开幕。在疫情防控常态化背景下，本届论坛继续采用线上云论坛形式和大家见面。

首先，请允许我介绍今天出席论坛的领导：

最高人民法院审判委员会副部级专职委员刘贵祥

中国证监会副主席阎庆民

中国上市公司协会会长宋志平

上海市地方金融监督管理局局长解冬

出席今天论坛的还有国务院国资委、国务院发展研究中心、国家气候战略中心、证券期货监管系统、法院系统等有关部门、单位领导，市场机构负责人、高校学者、律师等专业人士。在此，我谨代表论坛主办方向出席论坛的各位嘉宾表示热烈欢迎，向长期以来关心支持投服中心工作的各界人士表示衷心感谢！

近年来，党中央、国务院高度重视提高上市公司质量。中国证监会将提高上市公司质量纳入全面深化资本市场改革总体部署，明确了具体安排和实施路径。资本市

* 中证中小投资者服务中心董事长。

场是国民经济的“晴雨表”,上市公司是资本市场的主体和基石。没有好的上市公司,就没有好的资本市场,提高上市公司质量,让投资者充分分享上市公司成长的红利,是保护投资者合法权益的基础和根本路径。为贯彻落实党中央国务院部署和中国证监会工作安排,本届论坛以“提高上市公司质量,保障投资者合法权益”为主题,通过主旨演讲、专题研讨等形式,深入探讨提高上市公司质量、加强投资者保护的路径和举措,助力资本市场高质量发展。

作为中国证监会直属的法定投资者保护机构,投服中心深入学习习近平新时代中国特色社会主义思想,坚持资本市场人民性要求,贯彻“四个敬畏、一个合力”和“大投保”理念,围绕中心、突出重点、创新举措,助力提高上市公司质量,切实为投资者办实事做好事。

投服中心通过提起支持诉讼和股东诉讼,参加特别代表人诉讼等,积极追究“关键少数”等相关责任主体的民事责任,参与的首单证券纠纷特别代表人诉讼已进入正式审理阶段,新《证券法》创设的中国特色“集体诉讼”从法条走向了现实。

投服中心践行积极股东主义,通过持有沪深两市所有A股上市公司股票,以个案行权和专项行权相结合的方式,围绕中小投资者的利益“痛点”,示范行使股东权利,促进上市公司治理规范。

此外,投服中心全资子公司中证资本市场法律服务中心积极开展证券期货市场纠纷化解和损失核定工作。截至目前共受理纠纷19,137件,调解成功9560件,投资者获赔28.85亿元,累计接受19家法院32件虚假陈述案件损失核定委托。

投资者保护联通着千行百业,牵系着亿万家庭,投服中心深感使命在心,重任在肩。投服中心将在中国证监会正确领导下,秉持“为民　奉献　专业　引领”理念,与市场各方共同努力,将保护投资者合法权益落到实处。

预祝本届论坛圆满成功,谢谢大家!

I 嘉宾致辞
INVESTOR

最高人民法院审判委员会副部级专职委员刘贵祥在第四届中小投资者服务论坛上的讲话

切实发挥审判职能作用　保障资本市场健康发展

刘贵祥*

尊敬的阎庆民副主席、宋志平会长,各位领导、各位专家、各位来宾:

大家上午好!

本届中小投资者服务论坛以“提高上市公司质量,保障投资者合法权益”为主题,汇聚理论界和实务界的共同智慧,契合当前我国资本市场改革发展的形势,很有意义。在此,我谨代表最高人民法院向论坛的召开表示衷心的祝贺!

习近平总书记在2021年8月17日中央财经委员会第十次会议上再次强调,金融是现代经济的核心,关系发展和安全,要遵循市场化法治化原则,统筹做好重大金融风险防范化解工作。通过深入学习领会习近平总书记的重要讲话精神,我们深刻认识到,资本市场在金融运行中具有牵一发而动全身的作用,上市公司是资本市场的基石,是促进金融服务实体经济和实体经济回馈金融市场的典型样本。作为实体经济的“基本盘”,上市公司总体上是各类企业中的“优等生”佼佼者,是构建新发展格局的“领跑者”,为促进经济高质量发展提供了有力的支撑。提高上市公司质量既是推动资本市场健康发展、保护投资者合法权益的内在要求和关键环节,也是以经济高质量发展化解金融风险的重要保障。

近年来,最高人民法院以习近平新时代中国特色社会主义思想为指导,全面贯彻党的十九大和十九届一中、二中、三中、四中、五中全会精神,认真落实党中央、国务院

---

* 最高人民法院审判委员会副部级专职委员。

决策部署,贯彻新发展理念,坚持市场化、法治化方向,按照深化金融供给侧改革要求,切实履行审判职责,在提升上市公司质量与投资者保护水平、促进资本市场改革发展方面做了一系列工作。一是制定相关司法解释与司法政策,统一裁判规则,提高上市公司质量。最高人民法院制定了《关于审理证券市场因虚假陈述引发的民事赔偿案件的若干规定》、《关于证券纠纷代表人诉讼若干问题的规定》、《关于适用〈中华人民共和国民法典〉有关担保制度的解释》等司法解释,以及《关于审理上市公司破产重整案件工作座谈会纪要》《全国法院民商事审判工作会议纪要》《全国法院审理债券纠纷案件座谈会纪要》等司法政策,针对上市公司违规担保、虚假陈述、破产重整等突出问题明确司法裁判尺度,依法支持规范上市公司治理和内部控制、支持上市公司市场化、法治化并购重组,依法提高违法违规成本,压实上市公司和中介机构等信息披露责任,有效提升了上市公司的质量,有力保护了投资者合法权益。二是依法公正高效审理案件,维护投资者合法权益,防范化解金融风险。近年来,各级法院审理了大量涉及场外配资、欺诈客户、虚假陈述、内幕交易、操纵市场等方面的案件。2020年证券纠纷代表人诉讼司法解释实施后,及时启动康美药业特别代表人诉讼案件的受理和审理工作,推动中国特色证券集体诉讼制度落地实施,震慑财务造假,维护投资者合法权益。此外,人民法院坚持法治化市场化原则,积极稳妥审理了力帆股份、北大方正等一批上市公司破产重整案件,使上市公司通过并购重组、破产重整等方式实现涅槃重生。三是加强审判机构建设,提升证券审判专业化水平。为了服务保障国家金融战略实施、营造良好的金融法治环境,继2018年成立上海金融法院后,党中央于2020年年底决定设立北京金融法院。2021年3月,北京金融法院正式挂牌。两个金融法院的设立及其他地方法院成立的专门金融审判庭、金融合议庭,有效增强了审判机构的专业化,明显提升了人民法院金融审判水平。

通过审判程序促进上市公司质量提升,维护投资者合法权益,保障资本市场公开公平公正的良好秩序,营造市场化法治化国际化营商环境,是人民法院职责之所在。下一阶段,我们将以习近平新时代中国特色社会主义思想为指导,深入学习贯彻习近平法治思想,重点做好以下几项工作:

一是制定规范性文件,完善投资者保护的司法规则。首先,出台金融审判座谈会纪要。为了贯彻落实党的十九大关于打赢“防范和化解金融风险攻坚战”的战略部署,最高人民法院自2017年以来先后发布了多项司法政策性文件,依法审理一大批重大敏感案件,发挥金融审判服务发展、促进改革的积极作用,切实守护了“不发生系统性风险的底线”。但随着“防范和化解金融风险攻坚战”取得实质性突破,大量新类型案件进入法院,金融审判工作面临新的时代课题。我院已于2021年开展了金融审判工作专题调研活动,并计划于年底前形成审判纪要,系统规定金融案件审判标准,进一步统一司法尺度,保护投资者合法权益,维护金融市场秩序和国家金融安全。其次,修改完善证券虚假陈述司法解释。最高人民法院《关于审理证券市场因虚假陈述引发的民事赔偿案件的若干规定》自2003年施行以来,在正确审理证券市场因虚假陈述引发的民事赔偿案件,规范证券市场民事行为,保护投资人合法权益方面发挥了积极作用。但是司法解释实施已经过去了18年,其间我国资本市场发生了巨大变化,有些规则,如行政处罚前置等已经不再适应新形势,尤其是新证券法的实施导致司法解释的法律基础已发生变化。我院将总结司法实践经验,年底前完成该司法解释的修订,合理界定相关主体责任,规范资本市场秩序,保护投资者权益。

二是加强典型案件审理,依法追究违法责任,畅通投资者救济途径。公正高效审理证券代表人诉讼案件,畅通投资者司法救济途径。证券集体诉讼的落地实施对于提高资本市场违法成本、保障投资者合法权益、确保注册制改革行稳致远乃至整个资本市场的持续健康稳定发展都具有重要意义。除广东法院审理的康美药业特别代表人诉讼案件外,上海法院、江苏法院、浙江法院积极运用证券普通代表人诉讼程序,为降低投资者的维权成本、保护投资者合法权益作出了积极努力。接下来,最高人民法院会依法指导地方法院依据《民事诉讼法》、《证券法》与我院司法解释相关规定,切实审理好相关案件,支持中证中小投资者服务中心依法行使特别诉讼代表人职责,确保证券集体诉讼制度的落地。我们将高度重视贯彻“过错与处罚相一致”原则审理财务造假案件,精准落实对资本市场违法犯罪行为“零容忍”要求。近年来,连续发生多起上市公司财务造假案件,严重损害了投资者的合法权益,危及资本市场的健康稳定发展,国务院金融稳定发展委员会多次强调对资本市场违法犯罪“零容忍”。精准落实“零容忍”原则,要求人民法院在处理财务造假等案件中,基于“过错与处罚相一致”原则,区分过错类型,依法严厉打击故意造假行为,合理确定过失责任,处理好违法打击力度、权益保护强度与市场健康发展的辩证关系。此外,还要采取措施审理好涉上市公司相关案件,促进上市公司质量提升。最高人民法院将指导各地法院严格落实上市公司担保规则,合理分配公司管理层的代理风险;继续总结上市公司破产重整与清算案件的审理经验,提高上市公司破产重整效率与水平,切实发挥制度的挽救与退出双重功能。

三是与相关部门和单位分工合作,充分发挥多元化纠纷解决机制功能,形成投资者保护的合力。在最高人民法院与中国证监会建立的资本市场多元化纠纷解决机制基础上,继续大力支持中证中小投资者服务中心等投资者保护机构开展工作,紧密依靠市场各方力量,充分调动市场专业资源化解矛盾纠纷的积极性。大力推广证券示范判决机制,通过证券示范判决所确立的事实认定和法律适用标准,引导其他当事人通过证券期货纠纷多元化解机制解决纠纷,加大对证券期货纠纷特别是群体性案件的柔性化解力度。

同志们,提高上市公司质量、保障投资者合法权益是建设规范、透明、开放、有活力、有韧性的资本市场的一项重要工作,最高人民法院愿与大家一起努力,共同为我国资本市场繁荣稳定、经济社会健康发展作出新的更大贡献。

最后,预祝本次论坛取得圆满成功,谢谢大家!

中国证监会副主席阎庆民在第四届中小投资者服务论坛上的讲话

阎庆民*

尊敬的刘贵祥专委、宋志平会长，各位嘉宾，各位朋友：

大家上午好！很高兴参加第四届中小投资者服务论坛。我谨代表中国证监会，对本次论坛的成功举办表示热烈的祝贺，对长期以来关心支持资本市场改革发展和投资者保护工作的各位领导、专家学者及市场各界人士，表示诚挚的感谢！

经过30多年的发展，中国资本市场从小到大，从区域到全国，已经成为具有世界影响力的市场，上市公司市值和数量分别位居全球第二位和第三位，投资者数量规模居世界首位。党的十九届五中全会提出，“十四五”时期经济社会发展要以推动高质量发展为主题。习近平总书记在“七一”重要讲话中强调，要坚持全心全意为人民服务的根本宗旨，站稳人民立场，践行以人民为中心的发展思想。上市公司是资本市场发展的基石，广大投资者是资本市场发展的根本。提高上市公司质量，保护投资者合法权益，是资本市场践行以人民为中心的发展思想，服务实体经济高质量发展的重要体现。借此机会，我围绕“提高上市公司质量、保障投资者合法权益”，与大家一同交流。

一、高质量的上市公司是投资者权益保护的源头活水

上市公司与投资者相伴相生。一方面，上市公司是连接资本市场与实体经济的微观基础，是资本市场投资价值的源泉。只有高质量的上市公司，才能持续为投资者

* 中国证监会副主席。

提供长期、稳定的良好回报。另一方面,上市公司的发展壮大离不开投资者的支持,尊重投资者、敬畏投资者、回报投资者是上市公司应尽之责。当前,4400多家A股上市公司,涵盖国民经济90个行业大类,囊括了七成以上国内500强企业,成为我国经济中最活跃、最富创造力,也最具有社会责任感的中坚力量。

一是经受住疫情考验,上市公司经营绩效稳步提升。2020年,面对严峻复杂的国内外环境特别是新冠肺炎疫情的严重冲击,A股上市公司扎实稳健经营,营业收入、净利润、经营性现金流等财务指标均呈现向好趋势,全年共实现营业收入53万亿元,超过同期GDP的50%,助力我国经济率先实现正增长,充分发挥国民经济"基本盘""顶梁柱"作用。

二是落实创新驱动发展战略,"两创"板块创新引领作用凸显。2020年,非金融类上市公司研发投入合计超过1万亿元,同比增长17.7%。"两创"板块聚集了一批集成电路、生物医药、新材料、高端装备制造等领域的科创企业,成为资本市场支持创新驱动战略的主战场。科创板和创业板研发强度分别为9.4%、4.9%,大幅高于实体上市公司平均水平(2.6%);"两创"板块公司研发人员占比的中位数为18.9%,是全部上市公司的1.4倍;拥有各类专利25.7万个,同比增长11.2%。

三是上市公司积极回报股东,形成尊重投资者、敬畏投资者的良好氛围。越来越多的上市公司以"真金白银"回报投资者,2020年上市公司现金分红1.3万亿元,连续3年分红总额突破万亿元。上市公司更加注重信息披露和透明度,通过业绩说明会加强与投资者沟通。2021年近九成公司在年报披露后召开业绩说明会,超九成董事长、总经理出席,投资者的"获得感"与"参与感"明显增强。

二、监管效能提升为上市公司高质量发展提供保障

提高上市公司质量,规范上市公司行为,是保护投资者合法权益的关键。中国证监会认真贯彻落实党中央、国务院各项决策部署,将提高上市公司质量作为全面深化资本市场改革的重中之重,坚持"建制度、不干预、零容忍"九字方针,坚持"四个敬畏、一个合力",加强上市公司监管基础制度建设,推动形成各方齐抓共管的积极氛围。

一是深化改革,加强基础制度建设。国务院印发《关于进一步提高上市公司质量的意见》(以下简称国发〔2020〕14号),对提高上市公司质量作出全面部署。《健全

上市公司退市机制实施方案》经中央深改委会议审议通过,完善退市标准,简化退市程序,强化退市监管。贯彻 2019 年《证券法》要求,中国证监会修订发布了《上市公司信息披露管理办法》,进一步增强上市公司透明度。持续深化并购重组市场化改革,稳妥实施“两创”板块并购重组注册制试点,发挥资本市场并购重组主渠道作用。

二是强化监管,促进上市公司规范运作。根据“依法监管、分类处置”的原则清理资金占用和违规担保,有力地保护了中小投资者的合法权益。坚持风险管控,股票质押风险化解取得阶段性成果,牢牢守住不发生系统性风险的底线。启动公司治理专项行动,抓重点、补“短板”、强弱项,促使上市公司整体治理水平得到提高。

三是贯彻“零容忍”方针,严厉打击违法违规行为。中共中央办公厅、国务院办公厅印发的《关于依法从严打击证券违法活动的意见》确立了“十四五”证券执法司法工作的主要目标与重点任务,对于维护资本市场秩序和保护投资者合法权益具有重要指导意义。中国证监会部署专项执法行动,集中打击财务造假、资金占用、违规担保及操纵市场、内幕交易等严重违法行为,依法从严从快从重查办 16 起重大典型案件。

四是强化协作,推动形成系统性合力。国发〔2020〕14 号文件出台后,中国证监会易会满主席主持召开动员部署会,中国证监会系统形成一盘棋抓落实的格局,主动加强与地方党委政府的汇报沟通。截至 2021 年 6 月,已有 30 个省(计划单列市)出台相关配套文件,提出一系列举措;公安部、国资委、银保监会等 18 个单位细化推出 100 多项工作措施,形成上下一体、多方协同、齐抓共管的良好态势。

三、制度完善推动形成多层次投资者保护格局

截至 2021 年 7 月底,参与资本市场的投资者已达 1.9 亿,投资者结构逐步改善,但占市场 97% 以上的中小投资者还处在成长成熟的过程中,投资者保护工作仍需不断加强。2020 年,2019 年《证券法》增设了“投资者保护”专章,就投资者民事赔偿等问题作出了诸多适应我国国情的重大探索与制度创新。一年来,一系列改革措施和配套制度相继落地,取得积极进展。

一是法律制度供给不断完善。《刑法修正案(十一)》的出台,提高了证券期货犯罪的刑事惩戒力度,着力解决了近年来证券期货犯罪成本低、恶性财务造假频发等问题。最高人民法院《关于证券纠纷代表人诉讼若干问题的规定》发布后,中国证监会

同步完善配套制度,对投资者保护机构参与特别代表人诉讼进行总体规范,建立健全了“明示退出、默示加入”的证券纠纷特别代表人诉讼工作机制,进一步畅通了投资者依法维权渠道。

二是投资者维权取得新成效。民事赔偿诉讼方面,首例证券纠纷特别代表人诉讼落地,首例操纵市场民事赔偿支持诉讼获得胜诉,普通代表人支持诉讼已有案件宣判。纠纷调解方面,建立多元化纠纷解决机制,设立全国性证券期货纠纷专业调解组织;开通小额纠纷调解快速通道,与最高人民法院建立“总对总”证券期货纠纷在线诉调对接机制,让投资者足不出户享有优质诉调服务,扎扎实实为群众办实事。

三是投资者教育取得新进展。中国证监会携手教育部门积极推动投资者教育纳入国民教育体系,目前,31个省(自治区、直辖市)累计在近5000所学校开展教学试点。2015年9月,中国证监会正式启动证券期货投资者教育基地建设工作,目前,全国范围内投教基地已达199家。

各位嘉宾,各位朋友,

提高上市公司质量、保护投资者合法权益是资本市场的永恒主题,更是落实党中央、国务院决策部署的必然要求。“十四五”时期,我国将进入新的发展阶段。在新阶段、新起点,上市公司监管和投资者保护工作要积极融入新发展格局,坚持初心使命,努力提升广大投资者的获得感、安全感。为此,要着力抓好“三个持续”。

一是持续提高上市公司质量。以注册制改革和退市制度实施为抓手,把好“入口关”,畅通“出口关”。以信息披露管理办法修订为契机,进一步增强上市公司透明度。通过公司治理专项行动,推动完善上市公司整体治理水平。坚决落实“零容忍”要求,加大对财务造假、操纵市场、内幕交易等违法违规问题的查处。牢牢守住不发生系统性风险的底线。

二是持续推进投资者保护制度落地实施。制定公开征集股东权利管理相关暂行规定,有序推进特别代表人诉讼工作常态化开展,全面提升证券期货纠纷多元化解的制度化、规范化水平,进一步丰富支持诉讼实践案件类型。充分发挥投资者服务热线、“中国投资者网”的作用,开展在线法律援助、在线纠纷调解,为投资者提供更便捷的服务。依托投资者教育基地加强宣传教育,推动投资者教育纳入国民教育体系,引导投资者知法懂法、依法维权。

三是持续推进共同治理。压实上市公司控股股东、实际控制人主体责任,加大对中介机构的追责力度,推动市场各方归位尽责。积极引导理性投资、长期投资、价值投资的理念。坚持“共建、共治、共享”,持续加强与立法司法机关、宏观管理、行业主管、市场监管部门和地方政府等的工作协同,共同创造良好生态,维护公开公平公正的市场环境。

各位嘉宾,各位朋友,2021 年是“十四五”开局之年。中国证监会将坚持以习近平新时代中国特色社会主义思想为指导,立足新发展阶段、贯彻新发展理念、服务新发展格局,围绕打造一个规范、透明、开放、有活力、有韧性的资本市场总目标,坚持市场化、法治化、国际化方向,坚定不移深化资本市场改革开放,提高上市公司质量,维护投资者合法权益,更好服务经济社会高质量发展!

最后,预祝本次论坛圆满成功!谢谢大家!

中国上市公司协会会长宋志平在第四届中小投资者服务论坛上的讲话

聚焦上市公司质量　提升投资者保护水平

宋志平*

尊敬的贵祥专委、庆民副主席,女士们,先生们:

大家好!首先我代表中国上市公司协会,对第四届中小投资者服务论坛的成功举办表示热烈祝贺,对大家一直以来对协会工作的大力支持表示衷心的感谢。今天,我们通过线上参会的方式,共同探讨提高上市公司质量和投资者保护这一重要主题,我认为这是很有意义的事。我想就上市公司质量和投资者保护跟大家交流三点。

一、广大投资者为资本市场发展作出了巨大贡献

我国资本市场历经30年的发展,已经拥有4400多家上市公司,80多万亿元的总市值。我国上市公司的快速发展,得益于广大投资者的鼎力支持,得益于投资者对上市公司的信任。我国目前已经拥有了全球规模最大、交易最活跃的投资者群体。2021年上半年,新增投资者数量达1084万,同比增长35.65%。截至6月末,投资者数约1.89亿。上市公司在这30多年(截至7月末数据)募集资金总额合计达16.91万亿元,其中IPO融资总额约为3.91万亿元,再融资总额约为13.00万亿元。这些资金为我国的国企改革、民企发展、科技创新、转型升级提供了重要的资本保障。可以说,投资者是资本市场发展之源。尊重投资者、敬畏投资者、回报投资者,是上市公

* 中国上市公司协会会长。

司应尽之责。

当然,资本市场也给了投资者较好的回报。很多上市公司都实行了积极的分红政策,涌现出一批现金分红做得非常好的企业。30年多来,上市公司累计分红9.62万亿元,超过了累计募集资金的56%。近3年派现金额更是连续突破万亿元,2020年达到1.52万亿元,再创新高。2020年实施现金分红的上市公司数量达3003家,占年末上市公司总数的70%。去年9月,中国上市公司协会联合沪深交易所发布A股上市公司现金分红榜单,从榜单情况来看,入选"上市公司丰厚回报榜单"的100家公司中有82%的公司自上市以来连续每年分红,有70家公司近10年以来连续进行分红。入选"真诚回报榜单"的100家公司中有84%的公司自上市以来连续每年分红,有30家公司近10年以来连续进行分红。

资本市场参与主体众多,上市公司是资本市场发展的基石,投资者是资本市场发展的根本。只有各方共同努力,互相尊重,才能为我国资本市场发展作出更大的贡献。

二、高质量的上市公司是提振投资者信心的保障

习近平总书记指出:"立足新发展阶段、贯彻新发展理念、构建新发展格局,推动高质量发展,是当前和今后一个时期全党全国必须抓紧抓好的工作。"2020年10月,国务院出台了《关于进一步提高上市公司质量的意见》(以下简称国发〔2020〕14号),对提高上市公司质量作出了系统性、有针对性的部署安排,是推动上市公司高质量发展的纲领性文件。从国发〔2020〕14号文件可以看出,党中央、国务院对提高上市公司质量、促进资本市场健康发展高度重视,也可以看到提高上市公司质量的紧迫性和必要性。

经过多年资本市场的锤炼和投资者教育,投资者素质不断提高,对上市公司的要求也越来越高。推动上市公司从"量"的扩张转向"质"的提升、不断提高上市公司质量是我们资本市场的重要任务。只有高质量的上市公司才能提振投资者信心,才能带来资本市场的繁荣。

高质量的上市公司首先要有良好规范的治理。依法合规经营是市场经济下任何企业必须恪守的行为底线,作为公众公司,上市公司更要带好头、作好表率。2018年修订的《上市公司治理准则》共十章98条,其中保障股东的权益是非常重要的内容。

上市公司是股东投资的公司,所以把保障股东的权益放在第一位。保障股东的权益是指全体股东,尤其是要给予中小股东保障,这是公司治理的首要任务。

透明、准确、完整、及时、公平的信息披露是对上市公司的基本要求。上市公司的绝大部分股东、独立董事、非独立外部董事都处于公司外部,他们参与公司决策和监督的前提是获得充分、准确、及时的公司信息。尤其是注册制背景下的资本市场,更要坚持以信息披露为核心,上市公司要更加注重以投资者需求为导向,真实准确完整地披露信息,以利于投资者根据上市公司披露的信息审慎作出投资决策,形成合理价格,从而更有效发挥市场在资源配置中的决定性作用。

因此,信息披露是资本市场的生命线。上市公司要以信息披露为载体,内外结合,多渠道传递公司价值。业绩说明会是上市公司与投资者进行沟通的重要途径,也是上市公司投资者关系管理的重要手段。在全球其他成熟市场,上市公司在定期报告发布后召开业绩说明会是惯例,例如,我国香港特别行政区上市公司需披露半年报,公司每半年路演一次,向投资者报告并回答投资者提出的问题。监管部门、机构投资者、中小投资者、媒体都十分关注上市公司是否召开业绩说明会。国发14号文中也明确指出:上市公司及其他信息披露义务人要充分披露投资者作出价值判断和投资决策所必需的信息,做到简明清晰、通俗易懂。2020年度全市场召开业绩说明会的上市公司总计3756家,占已披露年报公司总数的87.41%。沪深300指数公司、"A+H"上市公司、央企控股上市公司、科创板、创业板等公司全部召开。尊重投资者的氛围正在加速形成。

同时,上市公司不光是要披露好的信息,还要让投资者知道差消息。只说好消息,不说差消息,这不是公众公司。有差消息并不可怕,说明了原因,投资者能理解。不把风险披露足,投资者是不敢买公司股票的。若一家公司一点风险也没有,投资者也是会有顾虑的,把风险说足说透,投资者反而愿意买股票。上市公司有时候特别害怕投资者不喜欢的差消息,于是隐瞒信息,实际是大错特错。作为一家公司,有好消息一定有差消息,如实披露并不丢人,反而不披露、不诚信的企业会受到惩罚。

上市公司要严守不能财务造假的底线。受疫情影响,一些上市公司的经营业绩会有波动。对正常的业绩波动,市场和投资者是能够理解的,但是绝对不能说假话、编故事、做假账,这既是市场的基本约束,也是监管的底线。7月7日,中共中央办公厅、国务院办公厅联合印发《关于依法从严打击证券违法活动的意见》,这是我国资本市场历史上第一次以中共中央办公厅、国务院办公厅的名义联合印发打击证券违法活动的专门文件,足见监管层对打击证券违法活动的重视程度。

国发 14 号文特别提出要推动上市公司做优做强。上市公司要有良好的业绩和市场价值,投资者才能够享受应该得到的高额回报。很多投资者都很关心的分红,如果上市公司没有利润,就不可能分红。把业绩做好,把经营管理做好,这是上市公司的本分。上市公司要充分发挥资本市场的资源配置的作用,做强主业、提质增效、创新发展。完善上市公司股权激励和员工持股制度。优化政策环境,支持各类上市公司建立健全长效激励机制,更好吸引和留住人才,充分调动上市公司员工积极性等。我们要多方合力助推上市公司突出主业、扎实经营、做优业绩,提升核心竞争力、提高公司治理水平,真正成为我国企业群体的“优等生”。

资本市场助力构建新发展格局,高质量的上市公司是资本市场的微观基础。我们的资本市场拥有越来越多的高质量上市公司,我们的投资者就会对资本市场,对经济社会发展越有信心,也会更支持上市公司的发展,形成更良性的循环。

三、聚焦上市公司质量,提升投资者保护水平

2019 年 5 月,易会满主席在中国上市公司协会年会上,对上市公司和大股东提出要坚持“四个敬畏”,即“敬畏市场、敬畏法治、敬畏专业、敬畏投资者”,恪守“四条底线”,即“不披露虚假信息、不从事内幕交易、不操纵股票价格、不侵害上市公司利益”。回头来看,易会满主席讲的坚持“四个敬畏”,恪守“四条底线”,其实也是指导提高上市公司质量的最基本的原则立场和行为准则。

当前我国资本市场正处于难得的发展机遇期。市场化、法治化、国际化的政策环境逐步完善,“建制度、不干预、零容忍”的要求正在落实,资本市场改革发展稳定工作扎实推进。我们上市公司群体作为提高上市公司质量的主体,要落实《关于进一步提高上市公司质量的意见》的各项要求,牢记初心使命,把握机遇、迎接挑战,责无旁贷,主动担起高质量发展的第一责任和主体责任,夯实资本市场发展的基础,真正做到“知敬畏、守底线、尽责任”。

同时,我们也希望广大投资者持续增强自我保护意识,共同营造健康可持续的良好发展生态,推动投资者保护事业不断取得新发展。要发展高质量的资本市场,必须坚持健全机构投资者参与公司治理的机制,逐渐引导投资者成为成熟的投资者,形成更加成熟完善的投资文化。在这方面,我们希望广大投资者能做到“四个回归”,即从

盲目投机回归到理性投资,从金融脱实向虚回归到投资实体经济,从概念炒作回归到企业价值,从短线炒作回归到中长期投资。

提高上市公司质量,提高投资者保护水平是一项系统工作。中国上市公司协会将一如既往地和中国证监会系统各兄弟单位一起,积极倡导投资者保护,不断推动上市公司质量的提高,为建设一个规范、透明、开放、有活力、有韧性的资本市场的目标而努力。

谢谢大家!

上海市地方金融监督管理局局长解冬在第四届中小投资者服务论坛上的讲话

解　冬*

尊敬的刘贵祥专委、阎庆民副主席、宋志平会长，各位嘉宾，女士们，先生们：

大家上午好！很荣幸受吴清副市长委托，参加第四届中小投资者服务论坛，首先请允许我代表上海市地方金融监管局对论坛的召开表示热烈祝贺，对社会各界一直以来对上海国际金融中心建设的关心和支持表示诚挚的感谢！本届论坛以“提高上市公司质量，保障投资者合法权益”为主题，聚焦提高上市公司质量改革举措，完善投资者保护机制，助力资本市场高质量发展，具有很强的现实意义。

建设上海国际金融中心是党中央、国务院从我国社会主义现代化建设全局高度作出的一项重大战略决策。在推进国际金融中心建设中，资本市场是重点，上市公司是关键。在中国证监会等部门的大力支持下，近年来上海上市公司数量、质量、市值均稳步上升，位居全国各省市前列。截至目前，全国境内上市公司共4464家，其中上海373家，占全国的8.4%，在支持经济转型升级方面发挥了重要的“头雁”引领作用。特别是设立科创板并试点注册制以来，伴随资本市场基础制度改革，上市公司结构进一步优化，整体质量不断提升。科创板开业2年多，就有329家企业上市，首发募集资金4052.6亿元，市值达4.9万亿元，集聚了一批集成电路、生物医药、人工智能等战略新兴领域的优质科创企业，“硬科技”成色明显，成为资本市场服务国家战略科技力量的主战场。

上海市委、市政府始终高度重视发挥上市公司在上海经济社会发展中的重要作用，积极落实中国证监会提高上市公司质量的工作部署。2020年国务院印发《关于

---

* 上海市地方金融监督管理局局长。

进一步提高上市公司质量的意见》后,上海市积极响应,率先发布落实推动的若干举措,将提高上市公司质量与上海经济社会整体发展战略有机结合。为做好提高上市公司质量相关工作,上海市着力从四个方面积极入手:一是把好“入口”,做优增量。以贯彻落实“浦江之光”行动为统领,围绕科创企业全生命周期,加大孵化培育力度,为科创板等多层次资本市场提供“源头活水”,把好入口质量关。二是多元赋能,做强存量。支持上市公司利用资本市场开展境内外并购重组,通过多元化、市场化、创新型融资方式拓宽融资渠道,利用资本市场做大做强,充分发挥上市公司群体在产业升级中的引领作用。三是畅通“出口”,化解风险。充分发挥退市风险联合防控工作机制作用,加强退市风险监测与信息共享,制定上海法院破产审判工作相关指引,推动上市公司优胜劣汰,形成“上海经验”。四是央地协同,营造生态。加强公共数据综合应用,培育公平竞争的市场环境,发挥中证中小投资者服务中心在投资者保护方面的积极作用,发起设立上海投保联盟,整合共享资源,营造良好的市场生态体系。

下一阶段,我们将深入贯彻习近平总书记考察上海系列重要讲话和在浦东开发开放30周年庆祝大会上的重要讲话精神,以及中共中央、国务院《关于支持浦东新区高水平改革开放　打造社会主义现代化建设引领区的意见》等要求,坚定不移贯彻新发展理念,服务构建新发展格局,坚持法治建设和创新精神,积极探索提升上市公司质量的“上海路径”,推动形成与上海国际金融中心和科创中心地位相适应的高质量、规范化的上市公司群体,营造与经济社会发展相适应的多层次资本市场生态环境。

各位嘉宾,各位朋友,近期,《上海国际金融中心建设“十四五”规划》已经发布。期待大家充分利用中小投资者服务论坛这个对话平台,建言献策,共同推动上海国际金融中心建设在新起点上,从基本建成迈向全面能级提升,推动经济社会实现高质量发展。

最后,诚挚感谢中国证监会对上海国际金融中心建设工作的有力指导,感谢中证中小投资者服务中心在沪设立后,为促进投资者保护、优化资本市场生态所做的大量卓有成效的工作。预祝第四届中小投资者服务论坛圆满成功!

谢谢大家!

I 精彩观点

INVESTOR

中国上市公司协会执行副会长柳磊在第四届中小投资者服务论坛上的致辞

柳　磊*

尊敬的各位领导，女士们、先生们：

受郭文英董事长邀请，很高兴参加并主持第四届中小投资者服务线上论坛，与各位同仁共同以“提高上市公司质量，保障投资者合法权益”为主题，探索加强资本市场投资者保护的路径和举措。在此，我谨代表中国上市公司协会热烈祝贺本次论坛顺利召开，对论坛的组织和支持单位表示诚挚感谢！

近年来，中国上市公司协会在中国证监会的领导下，在全体会员单位的共同努力下，紧紧围绕“打造规范、透明、开放、有活力、有韧性的资本市场”的目标，持续推进深化改革、防范风险和支持经济社会发展各项工作，也积累了一定相关经验。如果说资本市场是连接实体经济和资本的重要纽带，那么上市公司质量是支撑这个市场的支柱和基石，是促进市场生态良性循环的重要基础，因为没有好的上市公司，就无法提供优质的金融产品，更无法吸引优质的投资者参与。上市公司不断提升自身质量，切实保护投资者的合法权益，通过与投资者的良性互动增强公司与投资者间的联系，正是资本市场践行以人民为中心发展思想的重要体现。

我国资本市场拥有全球规模最大、交易最活跃的投资者群体，投资者数量已超过1.8亿，尊重投资者、敬畏投资者、回报投资者，是上市公司应尽之责。保护好投资者尤其是中小投资者的合法权益，始终是监管和自律工作的出发点和落脚点。下面，我结合提高上市公司质量的要求和协会开展投资者关系管理及投资者保护工作的思考，谈几点体会：

---

* 中国上市公司协会执行副会长。

一、国内上市公司的质量正在不断提高,有效增强了市场的信心。目前,国内资本市场正在发生日益深刻的结构性变化,市场韧性、活力和吸引力明显增强。作为资本市场的“压舱石”,上市公司的高质量发展,正是资本市场深入改革的底气和定力所在,也是投资者信心的来源。截至 2021 年 8 月,国内上市公司共 4400 余家,市值大约 84.9 万亿元,涵盖了国民经济 90 个行业大类,成为我国经济中最活跃并富有创造力的一批市场主体。上市公司也不断利用资本市场做优做强,快速发展。具体体现在:一是上市公司群体经营绩效不断提高,结构不断优化。2020 年以来,尽管受到新冠肺炎疫情影响,但部分行业抢抓机遇,转危为机、转产扩能,新业态、新行业发挥了有效的托底支撑作用,担当了推动经济恢复发展的“排头兵”,发展韧性进一步彰显。据统计,2020 年上市公司实现营业收入约 53.4 万亿元,同比增长 3.6%,超过全国 GDP 总额的五成;同时,国企、民企、外企“百花齐放”。截至 2020 年 8 月,民营上市公司约占全部上市公司的六成以上,其中科创板民营企业占比高达 80%。一批具有全球竞争力的企业已连年稳居世界 500 强,向境内外投资者展现了我国经济的充沛活力。二是公司创新活力不断增强。2021 年年初,上市公司共拥有专利数量 165.2 万个,约占全国有效专利量的 14%。特别是科创板开板后,已上市各类高新技术企业 320 多家,汇聚了新一代信息技术、生物医药、高端装备等行业的优势企业,为投资者提供了更多具有潜力的标的,投资者参与热情高涨。三是回馈投资者水平不断提升。近年来,上市公司现金分红金额逐年递增、屡创新高,回报投资者力度不断加大。2020 年上市公司分红达 1.4 万亿元。同年,实施股份回购的上市公司超过 900 家,金额超过 671.78 亿元。分红和回购的双轮驱动,使投资者特别是中小投资者的获得感进一步增强,也为维护疫情期间的市场稳定发挥了重要作用。与此同时,广大上市公司积极履行社会责任,在新冠肺炎疫情期间捐款捐物已累计超过 75 亿元,并在服务区域协调发展、绿色发展、“一带一路”倡议等方面扮演了独特而重要的角色。

二、增强治理的有效性是公司质量提升的关键。企业上市后,不仅获得了融资,还提升了规范性、透明度和市场知名度,这与投资者的支持密不可分。上市公司只有牢记回报投资者的初心,不断提升内在质量,创造更多财富,才能受到广大投资者的关注与青睐,这要求公司不仅应具有较强的盈利能力,公开透明的信息披露,更应当在治理机制上作出表率,牢牢守住“四条底线”,真正扛起提高质量的主体责任、第一责任;“关键少数”应勤勉尽责,诚实守信;专注主业,稳健经营;守法合规,防控风险,强化高质量发展的内生动力,令规范公司治理理念从外部推动转变为行动自觉,从根本上提升市场主体内生约束机制的有效性，无愧于投资者的信任与托付。

三、提升上市公司质量需要凝聚各方共识。客观上，经过近年来的治理，资本市场生态已经有了极大改善，但部分公司依旧存在经营效益不佳、违法违规屡禁不止，及控股股东约束不足、履职不到位等治理问题。上市公司参与投资者保护工作，需要立法、行政和自律引导的全面保障。上市公司协会也一直高度重视中国证监会打造“投资者愿意来、留得住”的市场环境的监管方向。在各方努力下，上市公司尊重投资者、敬畏投资者、保护投资者的氛围正在形成。相关调查显示，投资者对上市公司知情权、决策权和投资者收益权保障的主观满意度连年上升。上市公司投资者保护工作在中小股东行权保障、救济赔偿、内控有效性、信息披露、回应投资者诉求、履行社会责任等诸多维度也取得了显著的成绩和进步。特别值得一提的是，上市公司主动与投资者加强联系，开展投资者关系管理的意识和水平不断提升。2020 年以来，召开年报业绩说明会公司数量大幅增长，共约 3756 家上市公司召开了 2020 年报业绩说明会，占披露年报公司的 87%，比去年增长超过 40%，超过 98% 的公司董事长、总经理等“掌门人”出席，通过“讲好自身故事”，帮助投资者更好了解公司经营状况。

朋友们！做好投资者保护工作需要多方合力、多措并举。中国上市公司协会作为自律管理重要力量，成立 9 年来，始终秉承“服务、自律、规范、提高”的工作宗旨，切实履行自律规范职责，与会员企业共经风雨，共同进步，并在推动上市公司高质量发展、提升投资者保护意识等方面承担更多责任、发挥更大的作用。接下来，我们一是将继续办好培训，切实担负起上市公司“关键少数”培训的重要职责，“关键少数”的权责规范意识和能力是提升上市公司质量的重中之重；协会将在 2021 年开展公司治理专题培训基础上，进一步开展信息披露、投资者关系管理等方面的专题培训，持续传递监管政策，引导公司明确自身职责、规范运作，提升履职能力和合规意识，减少和杜绝无知及惯性违规；二是自律引领，积极完善自律管理及服务体系网络，加强与证监局、地方协会、行业协会、交易所等系统内外单位的交流联动，建立起全国性的服务网络；发挥协会董秘委、独董委、财务总监委、投关委、监事委等的自治作用，发挥行业专家的专业优势，提高服务质量和自律管理有效性；三是精准服务，及时反馈并切实解决会员实际问题，利用好协会贴近市场、贴近公司的天然优势，搭建对话平台，建立常态化的诉求反映机制，持续优化企业营商环境和生态体系。

下一步，协会将紧紧围绕中国证监会关于资本市场保护投资者工作的核心指导和要求，围绕新形势下服务实体经济、防控金融风险、深化金融改革的要求和任务，扎扎实实做好自律服务和投资者保护相关工作,切实提高服务会员质量,促进上市公司高质量、持续健康发展。

接下来有请论坛嘉宾做主旨演讲,首先有请中国证监会上市公司监管部副主任郭瑞明发言,谢谢大家!

中国证监会上市公司监管部副主任郭瑞明在第四届中小投资者服务论坛上的发言

推动上市公司高质量发展　切实保护投资者权益

郭瑞明*

尊敬的各位领导、各位嘉宾，女士们、先生们：

大家好！很高兴参加中证中小投资者服务中心联合中国上市公司协会、中国证券投资基金业协会共同主办的第四届中小投资者服务论坛。我谨代表中国证监会上市部，对本次论坛的成功举办表示热烈祝贺！对长期以来关心、支持上市公司发展的各位朋友表示衷心感谢！

2020 年 10 月，国务院印发《关于进一步提高上市公司质量的意见》（以下简称《意见》），对有关工作作出全面部署，提出 6 个方面 17 项重点举措，开启了提高上市公司质量的新篇章。这次论坛以"提高上市公司质量，保障投资者合法权益"为主题，共同探讨提高上市公司质量、加强投资者保护的路径和举措，很有现实意义，这也充分体现了"上市公司和投资者共生共荣"的紧密关系。下面，围绕上市公司高质量发展，我从 3 个方面谈一谈认识、情况和想法，与大家作个交流。

一、提高上市公司质量和保护投资者相辅相成

资本市场是连接上市公司和投资者的纽带。上市公司是资本市场的基石，是资本市场投资价值的源泉；投资者是资本市场的重要参与方，是资本市场持续发展的基

---

* 中国证监会上市公司监管部副主任。

础。上市公司和投资者的良性互动,有助于提高上市公司质量和保护投资者,对于构建资本市场良好生态意义重大。

一方面,提高上市公司质量是保护投资者的根本手段。投资者通过上市公司分享资本市场发展和改革成果,分享中国经济增长红利,4000 多家上市公司发展的情况事关 1.8 亿投资者的切身利益。如果上市公司守法合规、完善治理、稳健经营,不断践行社会责任、加强与投资者沟通、回报投资者,投资者的权益可以得到积极保障。相反,上市公司治理不规范、披露不透明、社会责任缺失,甚至缺乏回报股东的意识,实施资金占用、输送利益等违法违规行为,将损害广大投资者利益。因此,上市公司质量状况直接影响投资者权益,决定了资本市场的投资价值。高质量的上市公司对于提高投资者参与度、增强投资者获得感、保护投资者权益至关重要。

另一方面,保护投资者的理念、制度和措施有利于促进上市公司高质量发展。从企业上市融资到持续经营运作,上市公司的发展始终离不开投资者的大力支持。实践证明,尊重和善待投资者,上市公司才能取得市场的认同和信任,才能在资本市场获得长远健康发展。《意见》提出的部分具体举措,与保护投资者息息相关。比如,“提高上市公司治理水平”要求建立董事会与投资者的良好沟通机制、以投资者需求为导向完善信息披露标准,这充分体现了对投资者参与公司治理、公平获取信息的保障;再如,《意见》提出,支持投资者在上市公司股票退市中依法维权、支持投资者保护机构依法作为代表人参加诉讼,从而确保投资者利益受损时获得赔偿。此外,《意见》还鼓励上市公司通过现金分红、股份回购等方式回报投资者,保障股东的资产收益权。可见,保护投资者也是促进上市公司质量提升的重要方式。

近年来,上市公司“敬畏投资者”的意识不断增强。在投资者关系管理方面,2021 年有 90% 以上的上市公司召开了业绩说明会,超过九成的业绩说明会由董事长、总经理等“掌门人”出席,上市公司与投资者交流的深度、广度有所提升,互动更加有效。在回报投资者方面,从 2020 年年报数据看,有 2975 家上市公司推出派现方案,预计现金分红 1.4 万亿元,同比增长 11.2% ,金额再创新高。这表明,上市公司尊重投资者、回报投资者的氛围和文化正在形成,为进一步提高上市公司质量、保护投资者创造了良好环境。

二、提高上市公司质量工作取得积极进展

《意见》印发以来,监管部门坚决贯彻落实,细化任务、积极行动、广泛宣传,初步

构建了提质工作的新格局。

一是推动提升公司治理水平。坚持信息披露与公司治理“双轮驱动”。一方面，启动了上市公司治理专项行动，准备分三个阶段、用两年左右的时间，使上市公司规范运作水平提高到一个新的阶段。目前，4300 多家上市公司已经完成自查，专项行动第一阶段已顺利结束，企业通过自查深化了对公司治理的认识，也发现了一些治理问题，为下一阶段工作奠定了基础。另一方面，完善了信息披露监管制度。全面修订了《上市公司信息披露管理办法》以及“年度报告、中期报告内容与格式准则”，以投资者需求为导向，进一步增强信息披露的针对性和有效性。

二是提高并购重组质量和效率。持续推进市场化改革，优化和调整注册制下审核机制和审核标准，从严监管“三高”并购，并购重组的制度环境和市场环境得到大幅优化。近两年，上市公司并购重组交易规模虽然略有下降，但总体上仍保持了较高的活跃度。2021 年上半年，上市公司并购重组交易 1467 单，交易金额 6839 亿元，规模继续位居世界前列。从交易结构看，上下游、同行业整合占据主流的趋势越来越明显，高溢价、跨界重组逐步减少，有力地助推了上市公司做优做强，一定程度上降低了投资者因企业重组失败带来的投资损失和风险。

三是着力健全退出机制。2020 年 11 月，中央深改委第 16 次会议审议通过《健全上市公司退市机制实施方案》，中国证监会和交易所严格贯彻落实，借鉴“两创”板块改革经验，在全市场实施退市制度改革，完善退市标准、简化退市程序、加强退市监管、拓宽多元化退出渠道，交易所修订发布了退市新规。2021 年上半年，已有 17 家上市公司因触及面值退市、财务退市指标被强制退市，6 家上市公司通过出清式资产置换、主动退市等方式退出，优胜劣汰、有进有出的市场生态正在加速形成，投资者的投资环境进一步优化。

四是限期解决突出问题。针对资金占用、违规担保，坚持“依法监管、分类处置”的原则，督促上市公司及相关方限期“清欠解保”，从严打击未整改以及新发生的占用担保违法行为，形成常态化的违法线索发现处理机制。经过各方努力，一部分上市公司在 2020 年年报披露前，通过现金偿还、协议解除、诉讼免责等方式解决了问题，有效保护了上市公司和投资者权益。针对股票质押风险，近两年来，中国证监会在国务院金融稳定发展委员会的领导下，坚持“控制增量、化解存量”的原则，积极稳妥推进化解工作。上市公司股票质押风险得到实质性缓释，高比例质押公司家数较最高峰时下降约六成，质押融资余额下降超 1/3。

五是严厉打击违法违规。中国证监会与相关单位协作,推动出台《刑法修正案(十一)》,完善特别代表人诉讼制度,修订发布《证券市场禁入规定》,实施首单特别代表人诉讼,不断健全行政处罚、市场禁入、刑事追责、民事赔偿、诚信惩戒等全方位、立体式追责机制,切实加大市场违法成本。近年来,中国证监会持续加强对上市公司等各类主体信息披露违法案件的查处惩戒,2020 年和 2021 年上半年新增信息披露立案案件 100 余件。2021 年 7 月,中共中央办公厅、国务院办公厅公布《关于依法从严打击证券违法活动的若干意见》,为打击上市公司违法违规行为提供了有力支撑。

六是推动形成强大合力。近一年来,中国证监会广泛动员、多方联动,积极争取各方的理解和支持。组织召开 18 个中央部委参加的上市公司规范运作专题工作小组会议,推动相关部委确立了 100 余项具体落实举措。中国证监会各派出机构加强与地方政府的沟通,推动地方政府结合各地实际出台配套文件,细化落实《意见》要求。中国证券交易所、中国上市公司协会等大力组织开展各种专题培训,增强上市公司及相关各方的主体责任意识。总体来看,各方努力、齐抓共管的局面已经初步形成,并不断巩固。

三、下一步将持续推动上市公司高质量发展

目前,上市公司群体具备一定高质量发展的基础,但是,距离新发展阶段、新发展理念、新发展格局的要求,以及投资者的期待仍有一定差距。比如,有的上市公司还存在内控不规范、治理机制失效、独立性不足等问题;少数公司还缺乏持续盈利能力,甚至存在财务造假,资金占用、违规担保,“蹭热点”“炒股价”等违法违规行为。下一步,监管部门将继续贯彻落实《意见》,着力做好以下工作:

一是抓机制,夯实制度基础。推动制定《上市公司监督管理条例》,推进上市公司监管法规体系整合,力争完善基础性制度、解决规则多杂散乱的问题,进一步优化上市公司高质量发展的制度环境。

二是抓重点,规范公司治理。深入推进公司治理专项行动,在第一阶段公司自查、系统摸排公司治理实际问题的基础上,有针对性地开展现场检查,要求上市公司及时整改、研究完善治理规则、加强对“关键少数”的培训,促进上市公司形成健全、有效、透明的治理架构。

三是抓落实,加强退市监管。严格执行退市新规,推动退市制度改革方案落地实

施，加快出清无主业、无经营的“僵尸公司”“空壳公司”，严厉打击违法“保壳”行为，支持投资者依法维权，确保“退得稳、退得下”。

四是抓防控，坚守风险底线。继续巩固股票质押风险化解成效，严控增量、化解存量，加强场内场外一致性监管。持续化解存量上市公司风险，压实公司主体责任，支持上市公司依法通过并购重组、破产重整等方式出清风险。

五是抓保障，强化监管执法。坚决贯彻“零容忍”方针，严厉打击财务造假、欺诈发行等恶性违法犯罪行为。对资金占用、违规担保等损害上市公司利益的行为，坚持常态化监管，依法查处惩治，构成犯罪的移送公安机关追究刑事责任，营造诚信的市场环境。

提升上市公司质量是一项长期性、系统性工程，关键在于企业自身，同时也离不开投资者等各方的积极参与、协同努力。上市公司及大股东、董监高要进一步增强主体责任意识，严守“四条底线”、坚持“四个敬畏”，切实提升公司内在价值、保护投资者权益。也希望广大投资者积极践行理性投资、长期投资、价值投资的理念，依法行使股东权利，促进提高上市公司质量。

最后，祝论坛圆满成功！谢谢大家。

国务院国资委产权管理局副局长谢小兵在第四届中小投资者服务论坛上的发言

谢小兵*

尊敬的各位领导、各位嘉宾,同志们、朋友们:

大家上午好!非常高兴参加第四届中小投资者服务论坛。借此机会,对中国证监会、中证中小投资者服务中心以及社会各界长期以来对国资央企工作的关心、支持和帮助表示衷心的感谢!2021年是“十四五”开局之年,是国企改革三年行动攻坚之年,也是贯彻落实国务院《关于进一步提高上市公司质量的意见》(以下简称《意见》)的关键之年,以“提高上市公司质量,保障投资者合法权益”为主题举办这次论坛,具有十分重要的现实意义和引导作用。习近平总书记在“七一”重要讲话中强调,新的征程上必须坚持全心全意为人民服务的根本宗旨,站稳人民立场,践行以人民为中心的发展思想。学习贯彻习近平总书记的重要讲话精神,结合论坛主题,我想谈三点体会,和同志们交流。

第一,提高上市公司质量与保障投资者合法权益之间存在辩证关系,二者是彼此联系、互为支撑的。一方面,优质上市公司是资本市场健康稳定发展的基石和支柱,提高上市公司质量是提高资本市场投资价值的源头活水,是增强资本市场吸引力和活力的内在要求,也是保障投资者合法权益的根本手段。皮之不存毛将焉附,上市公司治理结构不完善、日常运作不规范、发展质量不理想,保护投资者合法权益就成了无本之木、无源之水。另一方面,上市公司作为市场主体,提高自身发展质量是其责无旁贷的重要使命。这是一项宏大的系统工程,涉及面广、内涵丰富,包括经营效益、会计基础、治理能力、信息真实、股东回报等方方面面,每一项都与投资者知情权、参

* 国务院国资委产权管理局副局长。

与权、收益权或求偿权等基本权利息息相关,因此,保护投资者合法权益是提高上市公司质量的题中应有之义。只有懂得敬畏、尊重和回报投资者的上市公司,才有可能真正意义上实现高质量发展,赢得市场的认同和尊重;无视投资者利益、置投资者合法权益于不顾,上市公司高质量发展也就无从谈起。

第二,国有控股上市公司兼具双重属性,理应在践行以人民为中心的发展思想、保护投资者合法权益方面发挥引领示范作用。国有控股上市公司既是资本市场的重要主体,又是国有经济的微观基础,兼具公众公司和国有企业的双重属性:一方面,需要对投资者负责,承担一般公众公司普遍具有的经济效益目标,并需严格履行信息披露义务,确保公平公正公开;另一方面,肩负着实施国家战略任务、助力国民经济平稳有序运行、履行社会责任等重任,是推进国家现代化、保障人民共同利益的重要力量。这双重属性中,“人民性”的立场贯穿始终。因此,国有控股上市公司在“我是谁,为了谁,依靠谁”的重大命题上绝对不能有丝毫含糊,必须努力践行以人民为中心的发展思想,正确处理好企业所长与国家所需、人民所求之间的关系,在继承过去报国为民优良传统的基础上,进一步深化改革、促进高质量发展,让更多民众享受到改革发展的成果,切实维护好投资者,特别是中小投资者合法权益,争做敬畏投资者、尊重投资者、回报投资者的模范。

第三,国资委一贯支持和引导中央企业持续提高上市公司质量、积极履行社会责任、切实保护投资者合法权益,相关工作成效明显。近年来,在有关部门的大力支持下,国资委积极推动中央企业进一步利用资本市场优化资源配置、促进改革发展,将更多优势资源向上市公司集中,央企控股上市公司在质量提升方面取得了长足进步,“十三五”期间营业收入和归母净利润分别增长 40.3%、50.5%,年均复合增长率分别达到 7.0%、8.5%,展示了强劲的发展韧劲;实现股权融资约 8000 亿元,通过发行各类债券或债务融资工具筹集资金超过 3.1 万亿元,累计向上市公司注入优质资产近 6500 亿元,上市公司平台功能作用有效发挥。与此同时,央企控股上市公司治理结构不断完善,信息披露质量和规范运作水平明显提高,在解决就业、税赋贡献、回报股东、绿色发展、脱贫攻坚等方面发挥了重要引领作用。“十三五”期间,央企境内上市公司累计上缴税费总额达 4 万亿元,占 A 股公司上缴总额的 42%;合计实施现金分红 1.25 万亿元,其中 2020 年现金分红近 3000 亿元,刷新历史纪录,股东回报更加丰厚。特别是新冠肺炎疫情暴发以来,央企控股上市公司闻令而动、勇挑重担,统筹推进疫情防控和经济生产两方面工作,全力稳生产、稳经营,充分彰显了资本市场“稳定器”和国民经济“压舱石”的责任担当,得到社会各界的充分认可。值得一提的是,2021年国资委和中国证监会通力合作,引导央企控股上市公司以召开业绩说明会为核心,在加强投资者沟通工作方面重点发力,成效十分显著,央企A股公司实现了业绩说明会“全覆盖”,各企业精心准备,董事长、总经理等高管参会比例大幅提升,与各类投资者特别是中小投资者充分交流,同时企业结合自身特点主动开展集中路演、反向路演、专场推介等多种形式的投资者沟通工作,互动沟通的广度和深度有效拓展。

各位嘉宾,各位朋友!

当前,全球疫情仍在持续演变,外部环境更趋复杂严峻,国内经济恢复仍然不稳固、不均衡。国有企业作为中国特色社会主义的重要物质基础和政治基础,是中国特色社会主义经济的“顶梁柱”,党的十九届五中全会提出做强做优做大国有资本和国有企业、加快建设世界一流企业、发挥国有经济战略支撑作用等新任务新要求。下一步,国资委将深入学习领会、坚决贯彻落实党中央、国务院决策部署,指导中央企业以落实《意见》、深化国企改革三年行动为契机,在以下几个方面下足功夫:一是进一步提高上市公司质量,切实增强回报投资者的能力。继续支持中央企业培育优质资产,并通过IPO、资产重组等方式向上市公司汇聚;加大专业化整合力度,持续优化上市资产运营质量和产业布局。推动一批中央企业科技创新的“尖兵”在科创板上市,提升自主创新能力。强化投资者关系管理,进一步增强市场认同。二是进一步优化上市公司治理,充分发挥各类投资者治理作用。支持符合条件的上市公司引入持股5%以上战略投资者作为积极股东参与公司治理,创新、探索适应于央企控股上市公司的治理机制。支持央企控股上市公司综合运用股权激励等手段,促使骨干员工与企业形成利益共同体,激发发展活力。三是进一步规范上市公司运作,营造敬畏、尊重投资者的良好氛围。督促中央企业坚持底线思维,增强上市公司合规经营意识,切实提高信息披露质量,强化内部控制和内部监督,防范化解重大风险,做资本市场规范运作、诚信经营的“模范生”。

同志们,投资者权益保护是资本市场的基础性工作,也是关乎人民群众根本利益的长期性工作。利民之事,丝发必兴;厉民之事,毫末必去。让我们在以习近平同志为核心的党中央坚强领导下,立足新发展阶段,贯彻新发展理念,构建新发展格局,强化使命担当,锐意开拓进取,在上市公司高质量发展、投资者合法权益保护方面再谋新篇、续创佳绩,共筑资本市场良好生态。

谢谢大家!

上海证券交易所副总经理董国群在第四届中小投资者服务论坛上的发言

凝聚投资者力量　保障投资者权益
推动上市公司高质量发展

董国群*

尊敬的各位领导、各位同仁：

很高兴能够通过线上的方式，参加本届中小投资者服务论坛，就“提高上市公司质量、保障投资者合法权益”这一主题，与大家交流分享。

如何有效保障投资者合法权益，一直都是资本市场的重要课题。这两年，以注册制改革为引领，上市公司供给实现了常态化、可预期。目前，上市公司数量已超过4500家，A股投资者数量已超过1.8亿。可以说，资本市场连接千家万户，上市公司和投资者正是其中的主要群体。近年来，提高上市公司质量受到各方高度关注，被公认为是建设高质量资本市场的一项基石性工作。在推动提高上市公司质量过程中，投资者保护也是重要一环。上市公司作为公众公司，必须尊重、敬畏投资者，才能借助资本市场高质量发展。上市公司质量提高了，投资者也能真正获得回报，投融资更加平衡，市场健康发展的根基也会更牢。

借此机会，我想从上交所一线监管与服务的角度，结合近期工作重点，从四个方面与大家就提高上市公司质量和投资者保护进行交流。

---

* 上海证券交易所副总经理。

一、重视对话,搭建上市公司和投资者交流平台

保护好投资者,首先要帮助投资者清楚了解上市公司,这也是我们做好信息披露工作的根本要求。从2020年开始,我们更加注重帮助投资者和上市公司的“面对面”沟通交流,突破传统信披渠道,通过业绩说明会等方式,帮助投资者更直观、更形象地了解公司情况,让投资者清楚地知道上市公司在做什么、发展如何。

在中国证监会指导下,2020年年报期间,上海证券交易所动员1600余家公司召开了业绩说明会,其中包括了全部的科创板公司、沪深300指数公司、“A+H”公司和央企控股公司,业绩说明会的规模、数量都创历史新高。同时,我们也注重不能将业绩说明会流于形式,在借鉴优秀公司经验并参考国际实践的基础上,尽可能丰富召开形式和内容,要求董事长、总经理等“一把手”出席,与投资者互动问答时间占据2/3以上,大大提高了交流效果。在此过程中,交易所做了一些前期的推动工作,但更主要的是,我们的上市公司逐步认识到,只有重视投资者,讲好上市公司故事,积极向市场证明自己的价值与前景,才能更好地被投资者和市场接受。目前,已有不少沪市公司在积极主动筹备2021年半年报业绩说明会,业绩说明会已成为上市公司与投资者互动交流的重要选项。

二、强化信披,在风险化解中保障投资者合法权益

这两年,部分上市公司爆发风险,有财务造假、资金占用、违规担保,也有大股东陷入高比例质押后的流动性危机,不少公司风险交织复杂,投资者特别是中小投资者的合法权益受到严重威胁。在此背景下,风险化解已成为提高上市公司质量的阶段性重点工作。平衡好上市公司纾困和投资者保护,也是风险化解中的重中之重。

在中国证监会的指导下,上交所持续加强风险排摸,推动风险化解,严防风险外溢,并将投资者保护放在更重要的位置。一是保障投资者知情权,对风险隐患较为突出的公司,督促其做好风险揭示,强化信披的充分性和有效性,确保投资者获得足够的信息,能够结合自身实际,理性作出投资决策。二是保障投资者的交易权,严把公司停复牌和相关操作事项,确保交易的连续性和充分性,满足不同风险偏好投资者的交易权,充分释放风险,为后续风险处置和市场出清创造空间。三是促成合力,分类

施策,与地方政府、证监局、金融办等强化沟通,形成风险化解合力,按照“三个一批”的思路,通过重整一批、重组一批、主动退一批,促进存量风险公司有序出清,提升上市公司的整体质量。2020 年以来,上海证券交易所已推动完成逾百家风险公司的化解任务,并将高比例质押公司数量压降至百家以内。

三、建章立制,夯实投资者保护的制度基础

一直以来,解决“上市公司违法违规成本低,投资者维权成本高”这一矛盾,是上市公司监管领域投资者保护的重要课题。2019 年《证券法》和《刑法修正案(十一)》的落地,违法违规成本大幅提升,投资者维权渠道也进一步拓宽,为解决上述问题提供了制度保障。以代表人诉讼为例,该制度为中小投资者提供了更便利、低成本的维权渠道,既能充分保护投资者合法权益,也能对违法犯罪行为形成强大的威慑力。康美药业集体诉讼,对资本市场发展和维护投资者合法权益,都将产生重要意义。

在公司监管方面,上海证券交易所也认真践行“建制度、不干预、零容忍”九字方针,及时处置违法违规行为,提高违法违规成本,切实维护投资者权益。2021 年上半年,共作出公开谴责 18 份,同比增长 20%,并对涉及资金占用、违规担保、财务造假等恶性违规案件的相关责任人,予以公开认定。同时,多举措提高案件处理效率,践行“三及时”原则,积极回应市场关切。例如,对某公司重整投资人违反限售承诺,在锁定期内实施“清仓式”减持,严重损害投资者对上市公司发展信心的行为,及时对相关股东予以公开谴责并限制交易。

四、守好底线,坚决贯彻资本市场监管的人民性

亿万中小投资者是资本市场最广泛的基础,投资者能否得到有效信息,对市场前景有无信心,都对资本市场的生命力有直接影响。因此,切实保护广大投资者的合法权益,确保市场的“三公”原则,是一线信披监管站稳人民立场,贯彻资本市场人民性的重要体现。

一线监管是交易所的主责主业,必须守好市场底线。这几年,我们按照分类监管、精准监管的思路,认真做好信息披露监管。一是强化日常监管,加强定期报告和临时公告的事中事后审核,坚决打击财务造假、资金占用、违规担保等重点问题,持续

关注苗头性、隐患性问题;强化对“三高类”并购重组监管问询,督促中介机构切实履行“看门人”责任,防范上市公司“病从口入”。二是严格执行退市制度,拓宽绩差公司多元化退出渠道,做到应退尽退,退得下、退得稳,2021年上半年上交所退市公司已达11家。在退市中,我们重点做好投资者诉讼维权、退市整理期监管等事关投资者切身利益的事项。三是优化信息披露与股价联动监管,对涉及严重概念炒作、“伪市值管理”、“蹭热点、割韭菜”等扰乱市场秩序、损害投资者利益的行为,坚决予以严厉打击,切实保障投资者利益。

各位领导、各位同仁,中小投资者服务论坛迄今为止已成功举办四届,在凝聚投资者力量、保护投资者权益等方面发挥了重要作用。上海证券交易所作为市场的组织者和监管者,将继续践行以人民为中心的发展理念,坚持与各方一道,为推动上市公司高质量发展、保护投资者合法权益作出应有贡献。

谢谢大家!

深圳证券交易所副总经理李鸣钟在第四届中小投资者服务论坛上的发言

李鸣钟*

尊敬的各位领导、各位嘉宾：

感谢主办方的邀请，很高兴与各位同仁相聚第四届中小投资者服务论坛。上市公司是国民经济的支柱力量，是资本市场健康发展的基石。立足新发展阶段、贯彻新发展理念、构建新发展格局，必须把提高上市公司质量、保障投资者合法权益放在突出地位。借本次论坛机会，与大家交流几点认识与体会。

近年来，党中央、国务院高度重视提高上市公司质量。2018 年以来，中央经济工作会议连续 3 年“点题”。2020 年，中央深改委审议通过《健全上市公司退市机制实施方案》，国务院印发《关于进一步提高上市公司质量的意见》，对提高上市公司质量作出整体部署，提出明确要求。2021 年 7 月 6 日，中共中央办公厅、国务院办公厅公布《关于依法从严打击证券违法活动的意见》，为维护“三公”秩序、营造良好市场生态保驾护航。我们也研究制定了 7 方面 44 项贯彻落实举措。提高上市公司质量的制度体系日渐完备，监管效能持续提升，生态环境显著改善。在此背景下，深交所以改革求突破，以监管促发展，以服务固根基，采取了一系列针对性举措，完善结构，强化功能，夯实基础，在打造符合高质量发展要求的上市公司群体方面取得较好进展。具体包括三个方面：

一是坚持改革赋能，在更深层次更广范围服务国家战略和实体经济。“改革”是这两年深交所的关键词。2020 年 8 月 24 日，创业板改革并试点注册制成功落地。一年来，改革成效显著，上市公司数量和质量稳步提升。截至 8 月 20 日，注册制下上市

---

* 深圳证券交易所副总经理。

公司 182 家,募资超 1400 亿元,其中,制造业、软件和信息技术服务业、科学研究和技术服务业等行业占比达 86%。8 月 4 日,创业板上市公司突破 1000 家,其中高新技术企业和战略性新兴产业企业占比分别达到 92% 和 59%。12 年来,创业板培育出一批诸如宁德时代、迈瑞医疗、汇川技术等创新"领跑者"和产业"排头兵",已成为金融服务创新驱动发展战略的重要引擎。2021 年我们又办了一件大事,4 月 6 日,深市主板与中小板合并顺利实施,形成以主板、创业板为主体的市场格局,主板聚焦支持相对成熟的企业融资发展、做优做强,创业板主要服务高新技术企业、战略性新兴产业企业和成长型创新创业企业,市场结构更简洁、特色更鲜明、定位更清晰,将为不同发展阶段、不同类型企业提供融资服务。与此同时,一系列基础制度的改革创新,为上市公司获取资金、吸引人才、提升技术等提供了有力支撑,增强了企业发展的活力和韧性。

二是坚持双轮驱动,以更大力度促进提高上市公司规范运作水平。信息披露和公司治理是上市公司规范运作的"两翼"。近些年,我们深入推进分类监管、精准监管,紧盯"关键少数"和突出问题,对违法违规行为"零容忍",有力净化市场生态。针对上市公司 2020 年年报,共发出关注函、问询函等各类函件 1058 份,重点关注业绩真实性、治理结构规范性、内部控制有效性等突出问题,同时结合"企业画像"等手段,不断提升科技监管能力,上报一批违法违规线索。今年前 7 个月,公开谴责 10 家次,涉及人员 87 人次;通报批评 30 家次,涉及人员 175 人次;公开认定不适当人选 10 人次。我们还严把"入口关",畅通"出口关",严格发行上市审核,用好现场督导和现场检查,从源头提高上市公司质量;坚决扛起退市主体责任,2019 年以来对 26 家公司作出终止上市决定(2021 年以来 8 家),对涉嫌规避退市新规的公司果断采取监管措施,有力维护退市制度的严肃性和权威性。

三是坚持服务为本,用更实举措提升上市公司价值创造能力。持续优化再融资、并购重组、股权激励等市场化机制安排,促进资源优化配置。2020 年深市公司共披露 665 家次再融资方案,合计拟募集资金 8673 亿元,分别增长 1.5 倍和 1.4 倍;实施重大资产重组 78 单,交易金额 3483 亿元;推出股权激励计划 264 单,并在创业板推出第二类限制性股票激励方式,对授予价格、激励对象、激励比例等方面给予更多灵活性,有力支持上市公司激发创新发展内生动力,加快实现转型升级、做优做强。深化分类监管,注重扶优限劣,为信息披露优秀的上市公司提供便捷服务。组织深市各领域代表性上市公司召开系列业绩说明会,推动上市公司构建鲜活有效的投资者沟通互动模式。深市 2136 家公司召开 2020 年业绩说明会,召开比例较 2019 年增加 15.4%。我们还加强与地方政府交流协作,召开提高上市公司质量片区经验交流会、地方省属国有控股上市公司座谈会,凝聚提高上市公司质量的合力。

各位来宾,当前全球疫情仍在持续演变,外部环境更趋复杂严峻,国内经济恢复仍然不稳固、不均衡。立足新发展阶段、贯彻新发展理念、构建新发展格局,必须更加重视科技创新在经济转型产业升级中的关键作用,积极锻造经济发展新动能。深圳证券交易所将把推动提高上市公司质量作为监管工作的重中之重,切实发挥资本市场在促进创新资本形成、激发企业家精神和人才创新活力等方面的功能作用,更好服务实体经济和科技创新。

一是营造更高效的融资环境。引导各类创新资源聚集战略新兴产业和专精特新领域,助力提升产品链供应链韧性,解决"卡脖子"难题。坚守创业板定位,做好注册制试点总结评估和改进优化,推进未盈利企业上市,为创新型企业提供高效便捷的融资环境。

二是提供更多元的产品供给。适应发展更多依靠创新、创造、创意的大趋势,加大创新创业债、股债结合等创新产品供给。此外,交易所作为优化资源配置的重要平台,将着力构建与"双碳"目标相适应的创新资本形成体系,加大对新能源等领域优质主体融资支持力度;推出碳中和专项债等创新产品,推进"双碳"主题指数研发;提高环境信息披露质量,增强上市公司绿色发展意识。

三是深耕更精准的一线监管。一线监管是上市公司行稳致远的重要保障,是保护投资者合法权益的坚强后盾。从日常监管看,市场最深恶痛绝的情形如下:第一,出于提升市值、完成并购业绩对赌、再融资、规避退市等动机而实施的业绩造假行为。第二,出于掏空上市公司目的而实施的非法关联交易输送利益、资金占用、违规担保等行为。第三,与前述两种行为如影相随的市场操纵、内幕交易等行为。一些公司以"市值管理"为名,上述违法违规行为交织,严重侵害投资者合法权益,扰乱市场秩序和破坏市场诚信基础。对此,我们要加强科技监管,推进企业画像系统四期项目建设,不断提高违法违规线索发现能力;加强信息披露监管与交易监管联动,强化"三点一线"现场非现场监管协同,形成贯穿事前、事中、事后的全链条监管机制;保持"零容忍"监管态势,实施依法从严打击证券违法活动专项方案,严肃处理各类违法违规行为,进一步压实中介机构"看门人"责任,着力营造良好市场环境。

四是完善更有效的公司治理。有效的公司治理是提高公司管理水平的重要基础,是满足公司监管要求的重要保障,是公司核心竞争力的重要组成部分。我们将更加注重工作实效。要让上市公司深刻认识到,完善公司治理不是被动地应付,而是主动的实践。公司治理专项行动不是走过场,搞形式,而是要真整改见实效。我们将更加注重分类推动。公司治理的灵魂在于相互制衡和公开透明。国有控股上市公司重在"转机制",健全激励约束相容机制;民营上市公司重在"强内控",强化公司治理底线要求。我们将更加注重倡导实践。公司治理没有最好的模式,只有最佳的实践。通过最佳实践的倡导,引导上市公司互学互鉴、互比互看,形成"树标杆、学先进"的良好氛围。

五是打造更便捷的服务体系。我们正系统总结监管实践经验,进一步健全完善以上市规则、指引、指南为基础的交互友好型和使用简便型的三层级自律监管规则体系,删除一些不适应形势发展、过于增加上市公司负担的内容,对内容相近、规范同类事项的不同规则予以深度整合。加强对上市公司"关键少数"培训力度,推动完善公司治理和内控制度机制,夯实上市公司规范发展基础。优化互动易"云访谈"平台功能,完善上市公司与投资者常态化沟通机制。积极倡导最佳实践,探索建立正向激励机制,发挥示范引导作用。

各位领导,各位嘉宾,提升上市公司质量是一项系统性工程,需要各方齐抓共管,共同努力。深圳证券交易所愿同各方一道,认真践行"建制度、不干预、零容忍"方针,和"四个敬畏、一个合力"要求,坚持"开明、透明、廉明、严明"工作思路,以信息披露为核心,以投资者需求为导向,聚焦提升上市公司质量主题,多措并举推动上市公司提升信息披露质量和规范运作水平,积极保障投资者合法权益,努力打造良好的资本市场生态体系。

最后,祝论坛圆满成功！谢谢！

中国证券投资者保护基金有限责任公司副总经理葛毅在第四届中小投资者服务论坛上的发言

多措并举　真抓实干　促进上市公司投资者保护提质增效

葛　毅*

大家好！很高兴参加本届中小投资者服务论坛，我谨代表中国证券投资者保护基金公司向论坛的成功举办表示热烈祝贺。本届论坛以“提高上市公司质量，保障投资者合法权益”为主题，交流讨论新形势下上市公司投资者保护新途径、新方法、新举措，有着非常重要的意义。截至2021年7月底，A股市场已有上市公司4428家，随着我国上市公司数量显著增长、质量持续提升，在促进国民经济发展中的作用日益凸显。但也要看到，上市公司经营和治理不规范、发展质量不高等问题仍较突出，与建设现代化经济体系、推动经济高质量发展的要求还存在差距。上市公司是资本市场发展的支柱和基石，没有好的上市公司就没有好的资本市场，提高上市公司质量对于资本市场改革稳定发展意义重大、影响深远。投资者是资本市场最重要的主体之一，目前，我国证券投资者数量已经达到1.89亿，其中绝大部分是中小投资者，投资者个体分散、行使权利的知识和能力不足等现状仍是上市公司投资者保护工作面临的突出问题。因此，不断探索提升上市公司质量，切实保障中小投资者合法权益，促进上市公司投资者保护工作提质增效是当前我们面临的重要任务。我们投保基金公司按照中国证监会工作部署发挥职能作用，多措并举，真抓实干，积极促进上市公司投资者保护提质增效，形成了一系列有特色的做法和经验，取得明显成效。

---

* 中国证券投资者保护基金有限责任公司副总经理。

一、"一对一"进行投资者诉求处理,做好热线精准、优质服务

2013年,中国证监会"12386热线"建成运行,我们公司受中国证监会委托,负责热线的运营管理工作。一是热线建设不断推进。2015年,热线实现了"12386"号码全国落地直拨,长途通信费由我公司承担,全国各地投资者都能公平享受"12386热线"提供的服务。2018年,热线建立投诉直转调解机制,丰富投资者的选择,对已办理但未达成和解的投诉事项,征询投资者同意后,直接转至调解机构办理,投资者诉求纠纷解决渠道进一步拓展,满意度不断提高。2020年,热线投诉直转全面实施,近800家市场经营机构及其上万家分支机构纳入直转,直转后投诉平均办理时间从2～3个月缩短至16个工作日。随后在2020年、2021年,先后完成热线智能化建设和短信平台建设。热线建设的持续推进,不断提升了热线投资者服务的质量和效率。二是做好涉及上市公司的投资者诉求处理。目前,热线已累计接收处理投资者诉求66万件,为投资者挽回损失约2.48亿元,其中涉及上市公司的投资者诉求约16万件,主要内容包括:建议上市公司完善公司治理,提高上市公司质量,咨询上市公司信息披露虚假或不及时问题,如何申请索赔,投诉上市公司电话无人接听等问题。对涉及上市公司的热点问题和事项,我们与沪深交易所建立了日常诉求处理直转机制,及时回应投资者的关切。对涉及注册制、科创板、创业板等重大改革诉求,我们高度重视,与投保局、交易所建立诉求处理快速响应机制,及时为广大投资者解答问题。对诉求中反映的共性问题,我们及时进行分析梳理,形成周报、月报、年报及时报送监管机构,推动解决上市公司投资者保护有关问题。

二、"一对多"进行证券纠纷多元化解,依法开展专业技术援助

近年来,投保基金公司围绕落实证券纠纷多元化解机制,持续探索创新,高效稳妥推进上市公司对中小投资者的损失赔付。一是通过损失测算等专业技术辅助司法审判。我公司积极配合推动证券纠纷代表人诉讼司法解释出台,并支持特别代表人诉讼案件选取,针对康美药业等案件进行多模型整体匡算和系统性风险评估。2021年7月27日,广州中级人民法院开庭审理了康美药业证券虚假陈述特别代表人诉讼案,我公司受法院委托,开展投资者损失测算,出具《证券投资者损失测算报告》,派员

当庭解答相关问题，全力支持全国首单证券特别代表人诉讼落地，顺利完成了法院委托的各项任务。此外，我公司还积极为重点地区、重点法院审理的上市公司虚假陈述责任纠纷案件提供专业技术援助。截至目前，已为北京、济南、杭州、广州等地多家法院审理的近4000起上市公司案件提供了损失计算，涉及金额约14亿元。二是我公司组建了证券纠纷调解中心，并强化调解员队伍建设。与法院围绕证券虚假陈述责任纠纷案件，开展"一对多"证券群体性纠纷化解，创新实践"示范判决+委托调解+共管账户"调解模式，已完成上市公司虚假陈述责任纠纷调解案件约1400件，为投资者实现赔偿调解金额约1.2亿元。其中，我公司独创的"共管账户"模式还被北京市高级人民法院、上海金融法院写入相关文件，成为司法规范性文件确认的专门调解机制。我们积极探索开展线上批量化调解工作，降低投资者维权成本，帮助投资者快速获得赔偿，成功调解案件944件，帮投资者获赔3600万元。"示范判决+委托调解+共管账户"调解模式，通过引导当事人在专业调解机构的居中调解下多元化解纠纷，有效应对了证券侵权案件当事人众多、涉案金额大、案件类型复杂、纠纷内容专业等问题，保障了赔偿款项精准及时支付，有助于实现争议双方和谐共赢。

三、构建完善评价体系，全面客观反映上市公司投资者保护状况

从2010年开始，投保基金公司正式开展A股上市公司投资者保护状况评价，通过上市公司分层分类精准评价，加强上市公司投资者保护状况评价体系建设，探索事前、事中评价机制。目前已构建起一整套针对我国A股市场上市公司发展实际的评价体系，成为度量上市公司投资者保护工作质效的重要标尺。一是按年度编制《A股上市公司投资者保护状况评价报告》，并作为《中国资本市场投资者保护状况蓝皮书》系列子报告之一对外发布，为不断提升上市公司投资者保护工作水平提供"参考书"和"服务手册"，发挥积极引导作用。评价报告显示，我国上市公司内部控制、投资者关系管理、现金分红等情况持续向好，上市公司投资者保护状况总体保持稳定，投资者主观满意度不断提升，但少数公司董监高诚信状况不佳、违规担保、大股东资金占用等问题还有待解决。二是针对投资者反映的突出问题，我们积极开展上市公司投资者保护专项调查和评价，如上市公司咨询服务电话畅通情况调查、投资者满意度调查、投资者关系管理专项评价、上市公司现金分红、股票质押等专项评价，构建上市公司道德风险评价指标体系，并探索建立上市公司季度评价模型，已积累超过200

个评价模型。各类评价结果为证监局提供辖区投资者保护状况分析评价,并为监管部门制定完善相关制度提供了重要参考。目前,我公司已完成 2021 年度上市公司年报数据采集、投资者满意度调查、指标测算等评价工作,最新《A 股上市公司投资者保护状况评价报告》即将发布。

行百里者半九十。未来,我们投保基金公司将紧紧围绕中国证监会中心工作,进一步加强与会系统各兄弟单位的密切合作,共同做好提高上市公司质量、保障投资者合法权益各项工作,始终保持"赶考"心态,努力交出满意的答卷。

全国中小企业股份转让系统有限责任公司副总经理张梅在第四届中小投资者服务论坛上的发言

持续提高挂牌公司质量　夯实新三板投资者保护基础

张　梅*

尊敬的各位领导、各位专家、各位来宾：

上午好！很高兴参加第四届中小投资者服务论坛。新三板在多层次资本市场中发挥承上启下的作用，提高挂牌公司质量不仅是新三板市场投资者保护的根本前提，还关系新三板乃至整个资本市场的可持续发展。在此，围绕论坛主题，我就“持续提高挂牌公司质量　夯实新三板投资者保护基础”谈三点看法，不妥之处请大家批评指正。

一、良好的经营业绩、公司治理和信息披露是对投资者利益的最大保护

保护投资者是资本市场一项长期性、基础性工作，涉及一系列的资本市场改革举措，而提高公司质量是保护投资者的关键所在。挂牌公司经营质量、信息披露质量、公司治理质量，分别从三个层面影响着投资者权益的实现。

一是公司经营业绩的提升有利于持续回报投资者。投资者买卖股票，背后是投资者对公司业务经营的认可和信心。良好的经营业绩既能为公司持续发展积累资

* 全国中小企业股份转让系统有限责任公司副总经理。

本,又能通过股价上涨和红利分配回报投资者。新三板建立了一套挂牌公司提质增效服务保障机制,从挂牌融资到并购重组,再到强制降层、强制摘牌,一方面,利用一系列特色制度安排,支持挂牌公司扩大生产规模、加大研发力度、整合产业链;另一方面,通过构建进退有序的市场生态,促进挂牌公司优胜劣汰,为市场提供优质投资标的。

二是及时准确完整的信息披露有利于投资者作出决策判断。证券交易的特征在于,投资者判断证券好坏、作出投资决策,基本方式是获取发行人的信息并进行综合研判。正是根据上述特征,国际证监会组织在《证券监管的目标与原则》这一纲领性文件之中,要求发行人"全面、准确、及时地披露对于投资者决策判断具有实质意义的财务、风险和其他信息"。只有加强信息披露,减少发行人与投资者之间的信息不对称,才能避免投资者盲目判断发生损失。目前,新三板形成了以《证券法》为基础,以中国证监会部门规则、规范性文件为核心,以系列自律规则为主体的信息披露规则体系,实现了各市场层次信息披露的差异化制度安排。

三是健全的公司治理机制有利于保护投资者合法权益。公司治理机制缺陷是中小投资者利益遭受侵害的主要原因。如果治理不健全、内控不牢固,就难以约束损害投资者权益的行为。新三板挂牌公司普遍股权高度集中,外部投资者在公司事务上的"发言权"有限。健全公司治理和内部控制,其重要功能就是规范公司董监高、控股股东及实际控制人行为,增强外部约束,保障投资者合法权益不受侵害。2020 年 1 月,全国股转公司发布实施挂牌公司治理规则,明确了系统化的公司治理要求,完善了新三板市场的公司治理制度体系。

二、挂牌公司质量总体向好,投资者保护基础逐步夯实

近年来,全国股转公司按照深化新三板改革总体部署,统筹投融资两端建设,突出差异监管,坚持事前事中事后全程发力、综合施策,推动提高挂牌公司质量。经过不断努力,挂牌公司质量日趋改善,投资者合法权益得到有效保障。

首先,在公司经营方面:一是挂牌公司经营显出韧性活力。2020 年,尽管受到疫情冲击,但挂牌公司经营保持稳定,且业绩有所增长。挂牌公司全年共实现营业收入 1.44 万亿元;在营收同比微降 1% 的情况下,实现净利润同比增长 7.23%,平均净资产收益率增长至 6.39%。二是挂牌公司持续专注细分领域,加大研发投入,体现以研

发驱动增长的特点。非金融类挂牌公司2020年研发支出合计490.58亿元，平均研发强度3.62%，较上年提高0.14个百分点；有1460家公司研发强度大于10%。三是“小特精专”公司不断涌现。根据工信部公布的专精特新“小巨人”名单，新三板累计服务783家公司，占比15.91%。2020年度“小巨人”挂牌公司研发强度达到5.73%，是全社会的2.39倍。

其次，在信息披露方面：一是披露合规性提升。从总体看，绝大多数挂牌公司能够保证披露及时、准确、完整，并且逐步提升规范水平。近年来，定期报告按期披露率均保持在95%左右；临时公告的及时性明显改善，2020年挂牌公司公告补发率为1.83%，下降0.34个百分点。二是披露有效性改善。挂牌公司日益重视对重要财务数据的增减变动情况进行说明，精选层和创新层公司按照24个行业披露指引披露信息，方便投资者“看懂、看清”挂牌公司。

最后，在公司治理方面：从总体看，在“治理新规”实施后，挂牌公司内控得到进一步规范，治理水平得到提升。98.8%的挂牌公司按照“治理新规”完善了“三会”议事规则，对外投资、对外担保等重点行为不断得到规范。265家存在由董事、监事、高级管理人员配偶或直系亲属担任公司监事的公司，严格按照规定重新选聘监事。挂牌公司积极推行便利投资者参与决策的机制，2020年有622家公司股东大会采用网络投票方式。

三、持续提高挂牌公司质量，不断加强投资者保护

在看到成绩的同时，我们也清醒地认识到，目前挂牌公司经营和治理不规范、发展质量不高等问题仍较突出，与投资者的期待和育英“小特精专”的功能要求还存在差距，提高挂牌公司质量是一项长期、系统性工作。下一步，全国股转公司将在中国证监会的统一领导下，按照“四个敬畏、一个合力”的工作理念，做好进一步深化新三板改革的同时，聚焦影响挂牌公司质量的重点问题和关键环节，持续提高挂牌公司质量，让投资者拥有更多实实在在的“获得感”。

（一）防止“带病入场”与畅通市场出口并重

一是守好入口关，避免劣质公司“病从口入”。坚持以信息披露为核心，不断完善挂牌条件，优化挂牌审查机制，引导更多“专精特新”优质企业挂牌。发挥诚信监督功能，限制诚信记录不良的公司挂牌融资。二是把好出口关，确保劣质公司“当退则

退”。不久前发布的《全国中小企业股份转让系统挂牌公司股票终止挂牌实施细则》,建立了一套常态化、市场化的退出机制,下一步全国股转公司将严格按照规定,坚决将信息披露不可信、丧失持续经营能力、公司治理存在重大缺陷及存在重大违法违规行为的劣质公司出清市场。

(二)坚持日常监管与开展专项行动结合

一是持续抓好日常监管,防控影响挂牌公司质量的易发多发问题。完善差异化信息披露制度体系,探索挂牌公司风险分类管理;提高科技监管效能,加强大数据应用和风险识别预警;完善主办券商持续督导机制,规范会计师审计工作,更好发挥中介机构“看门人”作用。二是把专项行动作为日常监管的补充,解决影响挂牌公司质量的突出问题。持续开展内部控制提升专项行动,督促精选层公司落实内控要求,引导创新层、基础层公司健全内控制度。

(三)增强发展后劲与引导投资者关系管理并进

一是持续加强制度供给,增强挂牌公司发展后劲。当前,《非上市公众公司监管指引第X号——精选层挂版公司股票发行特别规定(试行)(征求意见稿)》已由中国证监会发布,全国股转公司将积极推动其平稳落地并做好配套细则制定,帮助公司进入精选层后通过再融资制度获得持续发展的资金支持。二是引导挂牌公司加强投资者关系管理。良好的投资者关系是挂牌公司高效资本运作的基础。新三板将通过多种方式,支持挂牌公司与投资者良性互动,引导投资者积极参与公司治理,优化挂牌公司外部约束机制。

最后,祝本次论坛圆满成功,谢谢大家!

中国证券业协会副会长张冀华在第四届中小投资者服务论坛上的发言

张冀华*

尊敬的各位领导、各位嘉宾：

大家上午好！非常高兴参加第四届中小投资者服务论坛。本次论坛的主题是“提高上市公司质量　保障投资者合法权益”。上市公司是资本市场的基石，没有高质量的上市公司，就没有健康、稳定、可持续发展的资本市场。投资者是资本市场发展的重要主体，尊重投资者、保护投资者、回报投资者，让投资者分享上市公司高质量发展的红利，是上市公司发展最主要的社会责任。证券公司是资本市场最重要的中介机构，是上市公司与投资者之间的桥梁和纽带，服务上市公司高质量发展、保障投资者合法权益是证券行业的天然职责。可以说，上市公司、投资者、证券公司三者之间协同发展，并与资本市场发展共生共荣。下面，我将重点围绕证券行业如何服务上市公司高质量发展、更好保障投资者合法权益这个主题谈三点意见，供大家参考。

一、证券行业服务上市公司高质量发展取得了积极成效

近年来，上市公司高质量发展取得了显著成绩，主要表现在：一是综合实力和竞争力稳步提升。目前中国A股已有4000多家上市公司，涵盖国民经济全部90个行业大类，总市值超过80万亿元，位列世界第二。一批具有全球竞争力的企业进入世界500强。二是上市公司会计信息质量明显提高。中国证监会每年发布的上市公司年报会计监管报告显示，上市公司执行企业会计准则和财务信息披露规则情况普遍

* 中国证券业协会副会长。

较好,能够真实、公允地反映经济实践,帮助投资者根据有效的财务会计信息做出投资决策。三是内部治理水平日益规范。上市公司是我国优秀企业的代表,普遍建立了现代企业制度,通过规范“三会”运作、强化对“关键少数”的约束控制、不断完善激励机制等措施,治理水平始终走在国内各类企业前列。四是回报投资者意识不断增强。2020 年共有 3003 家公司发布现金分红方案,占 A 股上市公司总数的 70%,累计分红总额 1.52 万亿元,相比 2019 年度增长近 12%。五是信息披露质量不断提高。上市公司在依法合规做好信息披露规定内容的基础上,能够以投资者需求为导向,积极探索满足投资者对非财务信息、前端信息披露的需求。

证券行业坚决立足主业、践行天职,积极发挥专业功能和社会职责,努力服务上市公司高质量发展:一是聚焦实体经济,不断提升中介服务能力。2017 年以来,帮助各类企业完成股权融资超过 5 万亿元、债权融资超 15 万亿元、并购重组交易超 3 万亿元。二是立足资本市场深化改革目标,努力发挥市场组织功能。在设立科创板并试点注册制、创业板改革、新三板改革、提高上市公司质量等资本市场重大改革任务中发挥了积极作用。围绕科技自立自强、民企纾困、绿色发展、“一带一路”等主题积极创新产品服务;聚焦满足居民日益增长的财富管理需求,丰富投资产品,不断改善账户服务体验。三是积极履行社会责任,服务投资者参与上市公司治理。2020 年,行业在坚决贯彻落实国家防疫政策基础上,通过线上、线下等方式,组织投资者走进上市公司活动 1400 余场,参与人数超 430 万人次,组织投资者参与上市公司表决事项达 108 万人次。

二、证券行业要做好资本市场的“看门人”,不断助力上市公司高质量发展

“十四五”规划提出“全面实行股票发行注册制”“提高金融服务实体经济能力”等目标要求,新《证券法》和《刑法修正案(十一)》的实施对证券行业在内的中介机构执业行为和执业环境产生了深远影响。2021 年 5 月,易会满主席在证券业协会第七次会员大会上指出,“中介机构特别是证券公司必须深刻认识‘看门人’的职责定位,同时服务好融资方和投资方两方面:既要强化保荐能力,从源头上把好上市公司质量关,确保选出真公司,力争挑出好公司;也要强化定价能力,加强投行业务与‘买方研究’的有机结合,坚持倡导价值投资、长期投资、理性投资,使真正有市场前景的公司

融到资。”易主席的重要讲话为新时期证券行业履行好“看门人”责任、助力上市公司高质量发展指明了方向,提供了遵循。

证券行业要按照中国证监会《关于注册制下督促证券公司从事投行业务归位尽责的指导意见》,进一步落实好资本市场“看门人”的责任,建议着重做好以下五个方面工作:一是提高精准识别选择发行人的能力,把好企业“入口关”。要提高站位,努力服务好“国之大者”,不断加大对符合国家战略及国家产业政策导向的行业企业服务力度。要严格履行核查验证、专业把关等法定职责,督促上市公司规范运作、真实披露,确保发行材料真实、准确、完整。二是切实做好合理估值和定价。要根据行业和企业的基本面情况定价,对于特殊成长型企业要结合不同估值方法合理进行比较。在询价中要与投资者、发行人充分沟通,平衡好各方的利益,实现互利共赢。三是不断提升风险管理能力。在市场化发行机制下,证券公司承销保荐风险大大增加,需要相应调整保荐业务风险管理组织体系、内控体系、报告体系、考核体系等,大力推动实现技术系统升级和管理流程再造。四是主动转变执业思路。要从单纯重视财务指标到关注核心竞争力,从提高“可批性”到保证“可投性”,杜绝“带病闯关”“任性撤单”,主动归位尽责、强化执业操守,做好持续规范运作和持续履行信息披露义务的督导工作,切实保护投资者权益。五是要以“零侥幸”标准落实“零容忍”要求。要坚守合规执业底线,增强廉洁从业风险防范意识和责任意识,杜绝恶意竞争和扰乱市场秩序的行为,不断加强项目质量,强化质控和内核,守牢内部控制“三道防线”,夯实行业可持续发展的根基。

三、证券行业要筑牢发行人和投资者连接之基,切实保障投资者合法权益

2019年《证券法》开设专章规定投资者权益保护,强化发行人信息披露要求,进一步保障投资者知情权。进一步明确了中介机构履职尽责、加强投资者适当性管理的义务。国务院《关于进一步提高上市公司质量的意见》明确要求上市公司应进一步提高信息披露质量。证券行业是促进投资者与发行人良性互动的重要枢纽,发挥好桥梁纽带作用,不仅是投资者合法权益保护的内生需求,更是服务上市公司高质量发展、营造良好市场生态的重要抓手。下一步,证券行业要在三个方面持续发力,进一步筑牢发行人和投资者连接之基,更好地保障投资者合法权益:

一是要持续加强投资者适当性管理。2020 年,证券公司普遍将适当性履职情况纳入公司绩效考核范围。76 家证券公司设置了投资者适当性管理专岗,配备超过 1 万 7 千人。在各项经营活动中投资者风险揭示书签署比例达 100%,超过 7 万名普通投资者转化成为专业投资者,转化人数比上年增长近 1 倍。证券公司要继续落实好投资者适当性管理主体责任,从完善内部管理制度、充分揭示风险、进行客户回访、开展适当性自查及专项培训等各个环节确保适当性管理责任落实到位。要持之以恒地认真落实好“看门人”责任,把好投资者“入口关”。充分揭示并提醒投资者关注投资风险,引导其理性、规范地参与上市公司发展。二是要更好发挥桥梁纽带作用,帮助投资者更好走进上市公司。要进一步形成投资者教育合力,发挥好投教基地作用,助力提升投资者对上市公司财务、法律、经营等基本信息的获取能力,提升投资者风险识别和企业价值判断的能力,帮助投资者更好地了解“你所投资的公司”。三是要不断加强投资者关系管理,做好投诉处理工作。2021 年 5 月,证券业协会、期货业协会、基金业协会会同投保基金公司联合发布了《证券基金期货经营机构投资者投诉处理工作指引(试行)》(以下简称《指引》),对行业机构积极履行好投诉处理首要责任、做好投诉处理工作提出了明确要求。对此,希望各证券公司要认真贯彻落实《指引》相关要求,畅通与投资者的交流渠道,及时回应投资者关切,积极配合投资者的调解诉求,有针对性地改进服务短板,助力上市公司高质量发展。

提升上市公司质量、保障投资者合法权益是长期性、系统性工程,需要各方协同发力、久久为功。压实中介机构“看门人”责任,推动证券公司归位尽责,对于推动实现上市公司高质量发展和投资者保护具有重大意义。希望广大证券经营机构按照易主席提出的“六个必须”,即“必须坚定贯彻落实新发展理念,必须聚焦实体经济提升服务能力,必须坚持走专业化发展之路,必须持续强化风控能力和合规意识,必须切实提升公司治理有效性,必须守正笃实践行行业文化建设”,更好地把行业自身发展与促进上市公司高质量发展、提高投资者保护水平融合在一起,为我国经济社会发展作出更大的贡献!

谢谢大家!

中国期货业协会秘书长吴亚军在第四届中小投资者服务论坛上的发言

吴亚军*

尊敬的各位领导,女士们、先生们:

很高兴通过线上云论坛的形式与各位见面,共同探讨"提高上市公司质量,保障投资者合法权益"的话题,不断深化资本市场投资者保护的作用,并分享交流期货行业的投资者保护经验和展望。在此,我谨代表中国期货业协会祝贺第四届中小投资者服务论坛顺利召开!

面对依然严峻的全球新冠疫情和纷繁复杂的国际形势,中国成为去年全球唯一实现经济正增长的主要经济体。近期公布的2021年上半年经济数据显示中国经济进一步从百年不遇的重大疫情中强劲复苏,交出了一份亮眼的成绩单。作为企业主体中的"优等生",上市公司质量是资本市场可持续发展的基石和支柱。推动上市公司高质量发展,是对投资者最好的保护。

2021年以来全球经济持续恢复,需求明显增加,大宗商品价格由此迎来了一轮涨价潮,部分品种价格步入历史高位后波动加剧,给生产制造企业经营带来了较大冲击。期货市场作为现代金融体系的重要组成部分,对上市公司为代表的实体企业有效规避风险、完善公司治理、增强市场竞争力等具有重要的意义和价值。下面,我结合期货行业在推动中国资本市场健康发展,保护投资者合法权益方面谈几点认识:

一、期货市场在提升上市公司质量方面大有可为

2020年四季度以来,国务院召开多次会议,要求做好大宗商品保供稳价工作、严

---

* 中国期货业协会秘书长。

厉打击违规倒卖大宗商品等行为,保证经济平稳运行。期货市场促进期现价格联动有助于上市公司科学管理盈余波动,提高经营的稳健性,降低企业面临的市场风险,为应对目前周期性价格波动提供了风险管理工具。比如,焦煤焦炭等黑色金属期货对本轮大宗商品现货价格上涨有明显的对冲平抑作用;生猪期货帮助生猪养殖上市公司应对"猪周期"难题;原油、pta等期货品种则广泛助力石化产业链的上市公司,抵御全球通货膨胀带来的负面影响。期货行业还设立有专业的风险管理公司,直接参与期货衍生品业务,帮助企业管理生产流通、库存销售以及上下游产业链供应中的价格波动、金融融资等风险。如今越来越多的上市公司通过期货市场对冲价格波动风险。数据显示,截至2021年6月底,2021年发布套期保值公告的A股上市公司数量已达556家,超过2020年全年水平。2021年上半年,全国期货市场法人日均成交占比近40%,其中,上市公司参与衍生品套期保值取得明显成效。但就上市公司参与期货市场的比例和程度而言,在坚持合规及控制风险的前提下,还有较大的提升和拓展的空间。

二、期货经营机构要提升综合竞争力,服务实体经济发展

当前我国已上市94个期货、期权产品,产品体系涵盖农产品、金属、能源化工、金融等国民经济重要领域,期货市场运行质量明显提升。2021年上半年,全国期货市场累计成交量和成交额同比分别增长47.37%和73.05%。市场的发展给行业带来更多的发展机会,期货经营机构一是要提升衍生品定价、估值等专业能力,发挥好期货市场价格发现、风险管理功能。要更深入地探究实体企业的痛点难点,为实体企业保驾护航。二是要全面服务国家战略,围绕"提升重要大宗商品的价格影响力,更好服务和引领实体经济发展"的重要指示,落实"乡村振兴战略",利用"保险+期货"帮助农民及涉农企业管理农产品价格风险;主动服务中小企业,提高中小企业抗击价格风险的能力。三是以金融科技赋能业务发展。探索利用大数据、云计算、卫星遥感技术、人工智能等前沿科技,在创新驱动发展战略的引导下,打开金融服务增长空间。

三、协会将进一步服务于完善行业法律法规体系,弘扬信义义务,保护投资者合法权益

协会作为行业的自律组织,承担着规范行业自律管理的责任。协会将继续围绕

"十四五"规划和中国证监会的总体部署,胸怀"两个大局",心系"国之大者",站好"自律、规范、服务、发展"的定位,为期货行业发展、保护投资者权益发挥更大作用。

一是继续助力完善期货行业法律法规体系。2021 年 4 月,全国人大常委会首次审议了《期货法(草案)》。期货法的出台是期货行业的大事,将补齐期货市场监管执法制度"短板",实现投资者保护有法可依、有法可循。协会高度重视《期货法(草案)》的发布,认真研究、反复论证,向全国人大常委会法工委报送了修改建议。下一步,协会将围绕期货法,梳理完善行业自律规则。二是加强文化建设,落实信义义务。信义义务是资本市场法治化进程中不可或缺的要素和基础,是金融机构忠实于投资者利益、恪尽勤勉与服务责任的必然要求。协会将切实引导经营机构担负主体责任,把"合规、诚信、专业、稳健、担当"作为期货行业立身之本、文化之源,为期货行业行稳致远提供价值引领。三是优化投资者投诉受理环节,推进纠纷多元化解。目前,中小投资者仍然是资本市场的重要参与者。2020 年年底,协会官网投资者投诉平台完成改版,使投资者投诉渠道更加畅通、便捷。2021 年 1 ~ 7 月,协会共接收投资者诉求 304 件,其中居间人投诉、涉非防非等问题占大多数。同时,协会也积极探索纠纷多元化解机制,在 2021 年符合受理条件的投诉中,56% 的投诉转化为通过调解解决,投资者获取合理补偿 523.18 万元,有效化解了市场矛盾。四是加强机构自律管理。协会将针对居间人、风险管理公司净资本指标、可扩展商业报告语言(eXtensible Business Reporting Language,XBRL)数据采集等行业亟待解决的重点问题,陆续出台规范性规则,保障期货市场健康发展。

各位嘉宾,各位朋友,投资者是资本市场发展之本,投资者保护工作要常抓不懈。易主席强调,"保护投资者合法权益是关系资本市场高质量发展的基础性工作"。协会将继续以保护投资者为重点,发挥专业优势,与各位一道共同努力构建良好的市场生态,为全面发挥期货功能、服务实体经济作出应有的贡献。

谢谢大家!

中国证券投资基金业协会副秘书长黄丽萍在第四届中小投资者服务论坛上的发言

以责任投资促进上市公司治理　加强投资者保护

黄丽萍*

各位领导、同仁：

上午好！欢迎大家来到第四届中小投资者服务论坛。本次论坛在线上召开，但行业机构参与热情很高，对提高上市公司质量、保护投资者权益话题高度关注，下午的分论坛将展开热烈讨论。在此，我谨代表中国证券投资基金业协会感谢各方领导与行业同仁的大力支持。借此机会，我想从 ESG（Environmental, Social and Governance）投资角度谈谈上市公司治理和中小投资者保护，请大家批评指正。

上市公司治理是资本市场的永恒话题。2018 年，中国证监会修订《上市公司治理准则》，要求上市公司贯彻落实创新、协调、绿色、开放、共享发展理念，大幅增加中国特色公司治理新要求，进一步强化了中小投资者合法权益保护。包括上市公司应当积极回报股东，在公司章程中明确利润分配办法尤其是现金分红政策；针对普遍存在的"一股独大"现象，进一步加强对控股股东、实际控制人及其关联方的约束；针对上市公司控制权变动导致上市公司不稳定等情况，进一步明确了独立董事针对相关事项的特别职权；规定了委托代理投票制度，便利中小股东行使股东权利；新增机构投资者参与公司治理的有关规定，鼓励机构投资者积极参与上市公司治理，依法行使股东权利，并对外公开参与公司治理的目标、原则、策略、情况及其效果；新设中小投资者保护机构，要求其通过持股行权等多种渠道保护投资者合法权益。在信息披露

* 中国证券投资基金业协会副秘书长。

方面,参考国际主要市场 ESG 信息披露制度,确立了环境、社会责任、公司治理信息披露基本框架;进一步强化了上市公司董监高以及其他信息披露义务人的约束。

可见,在法规层面,上市公司治理中的主要问题已经得到充分关注,但在实践中,仍存在治理失灵和中小投资者保护失灵问题,其症结与大股东与中小股东权利失衡、董监事会功能弱化、独立董事不独立等委托代理机制失灵密切相关。基金作为最主要的机构投资者,代表基金持有人持有大量上市公司股份。由于持股的高度分散性,基金具有中小投资者属性,受成本收益不高、委托代理机制复杂等因素制约,基金参与上市公司治理的积极性一直不高。近年来,资本市场改革取得显著成效,上市公司质量和内在价值对投资回报的影响显著提升,基金公司更加重视价值投资、长期投资,对参与上市公司治理的必要性有了更多共识。

ESG 投资作为一种投资价值观和方法论,从理念和行动上改善了基金参与上市公司治理、保护投资者利益的状况。综合董事会独立性、董事会决策机制、合理分红制度、中小股东平等参与、员工激励、利益相关者保护,以及上市公司控制权变更、利益漏出、大股东或高管变现、高比例股权质押等异常现象,能够比较好地刻画上市公司治理水平。例如,合理分红制度是保护中小股东权益的重要机制,但对于不同阶段、不同行业的上市公司来说,分红比例与治理水平并非单向线性关系。在"现金分红率(或股利支付率)""投资资本回报率(Return on Invested Capital,ROIC)""利息保障倍数"之间,理论上存在一个最优解:当公司投资资本回报率高,具有良好的未来发展前景时(高投资资本回报率),那么可以减少现金分红比例,将更大的收益用于再投资,以提高所有股东的未来回报;若公司未来前景较平稳,或者缺少高回报的投资机会,则应将更多的收益用于现金分红,由投资者自行决定投资方向,这要比低效率投资更符合所有股东利益。当公司现金流状况较好且未来有较好回报时,可适当增加负债,减少利息保障倍数,扩大杠杆以获得更高的资本回报,否则应减少财务杠杆的使用,保持财务上的安全边界。再如,独立董事需要公平权衡所有股东尤其是中小股东利益,以平衡资本多数决下大股东对小股东的利益侵占。这就需要独立董事能够在董事会中发挥实质性表决权作用,仅通过独立董事占比这个指标无法衡量其是否发挥了应有作用。

鉴于大部分上市公司在公司治理形式上差别不大,绝大部分均能够达到合规要求,找到更多有效治理的实质性指标或治理失灵的风险指标就变得更加重要。所谓"履霜知冰,践露知暑",公司治理失灵总会有异常的征兆。在上市公司控制权变更、关联交易、大股东或高管变现、股权激励、高比例股权质押等行为中,往往隐藏着有悖于中小股东利益的不合理行为。在履行环境、社会责任方面,如果无法做到与股东利益相协调,同样会造成治理失衡,加剧上市公司治理失败的风险,损害上市公司长期价值。

上述公司治理困境超出了股东利益至上和资本多数决原则所能解决的范围,而 ESG 提倡的利益相关者理论在一定程度上对上述治理困境作出了回应,但需要法律法规和监管规章的兼容,以及市场选择的认可。2017 年以来,基金业协会持续推动投资端发展基于中国资本市场特质的 ESG 价值观和评价指标,挖掘 ESG 投资价值基础;持续推动投资端发展绿色、ESG 投资工具,推动本土化投资实践,取得积极成效。

下一步,协会将积极加强基础研究和制度引导,适时完善绿色投资指引,规范 ESG 投研制度、投资方法和产品运作,积极探索绿色基金、ESG 基金备案绿色通道,推动投资端力量积极参与上市公司治理、加强中小投资者权益保护,为建设规范、透明、开放、有活力、有韧性的资本市场,和实现“十四五”和“30·60 目标”作出新贡献。

谢谢大家!

中证中小投资者服务中心有限责任公司副总经理黄勇在第四届中小投资者服务论坛上的发言

黄 勇*

尊敬的各位领导、投资者朋友,女士们、先生们:

大家好!

在社会各界的关心支持下,第四届中小投资者服务论坛如期而至。在此,我谨代表主办方中证中小投资者服务中心(以下简称投服中心),向一直以来关心、支持投服中心工作的各位领导、嘉宾表示衷心感谢。本次论坛的主题是"提高上市公司质量,保护投资者合法权益"。借此机会,我就结合2019年《证券法》实施以来投服中心的工作实践,就提高上市公司质量、加强投资者保护谈一点体会和看法。

众所周知,我国资本市场拥有全球规模最大、交易最活跃的投资者群体,截至目前,A股投资者数量已超过1.8亿,其中绝大部分是中小投资者。保护好广大投资者特别是中小投资者的合法权益,是资本市场的根本使命,也是市场各参与方义不容辞的责任。

2019年《证券法》于2020年3月1日开始施行。2019年《证券法》是资本市场顶层设计的一次重大的制度创新,作出了一系列新的制度改革,许多内容具有里程碑意义。包括:全面推行证券发行注册制、显著提高证券违法违规成本、进一步强化信息披露要求等。这为资本市场全面深化改革、促进上市公司规范治理、提高上市公司质量、保护投资者合法权益提供了坚强的法治保障。

2019年《证券法》首次明确了投保机构法律地位,赋予了投保机构许多职责,意

---

* 中证中小投资者服务中心有限责任公司副总经理。

义十分重大。投服中心作为中国证监会批准设立的投资者保护公益机构,当然是《证券法》规定的投保机构。对投服中心来说,今后开展投保工作将更加有法可依,有章可循,2019 年《证券法》也为投服中心的投保事业打开了更加广阔的空间。

投服中心顾名思义,是为投资者服务而生,这是它的初心。保护中小投资者合法权益是投服中心的天然使命。6 年来,投服中心在中国证监会党委的正确领导下,坚持从广大投资者需求出发,积极开拓,不断探索,逐步形成了以投资者权益教育为基础,以持股行权、纠纷调解、维权诉讼为特色的投资者服务模式。2019 年《证券法》"投资者保护"专章中所涉及的公开股东权利征集、支持诉讼、股东代位诉讼、代表人诉讼等,都是投服中心正在做或者即将开展的业务,这些也和上市公司密切相关。

投服中心投保业务分为事前、事中、事后三大块,即事前投教、事中行权、事后救济,发挥示范引领作用,助力提高上市公司质量,保护中小投资者合法权益。

在事前投资者教育方面,投服中心通过开发投教产品、开设媒体专栏、举办《股东来了》投资者权益知识竞赛等举措,向投资者持续宣传理性投资、价值投资、长期投资的理念,久久为功,倡导践行积极股东主义,营造上市公司高质量发展的良性资本市场生态。例如,第四届《股东来了》已完成初赛,注册人数超 620 万,答题人次突破 4 亿,双创新纪录。《股东来了》成为资本市场成立 30 年来规模最大、影响力最广、投资者参与最多的投教活动,已经成为向社会展示资本市场投保工作、宣传股东权益知识的重要平台和品牌名片。

在事中持股行权方面,投服中心紧盯并购重组、公司治理等与投资者利益切实相关的事项,围绕中小投资者的利益痛点,示范行使股东权利。截至 2021 年 7 月底,投服中心共计持有 4412 家上市公司股票,累计行权 2957 场,累计行使包括建议权、质询权、表决权、查阅权、诉讼权、临时股东大会召集权在内的股东权利 3803 次。

近期,投服中心首次作为征集人就中国宝安 2020 年年度股东大会审议的《关于修改公司章程的议案》向公司全体股东征集投票权。在广大中小投资者的支持和响应下,上述议案获得通过,同意比例达 74.15%。参加股东大会的股东共 3026 人,其中中小投资者共 3019 人,占参会有表决权股份的 54.82%,对议案的表决通过起到了决定性的作用。

在事后维权诉讼方面,投服中心依据《证券法》等法律法规,贯彻"零容忍""追首恶"原则,加大民事追偿力度,通过提起支持诉讼、股东诉讼,参加特别代表人诉讼等业务,维护广大中小投资者利益。特别是在 2021 年 4 月 16 日,在司法机关、地方政府以及市场各方的大力支持下，投服中心成功申请将康美药业案普通代表人诉讼转换为特别代表人诉讼，这标志着符合中国国情、具有中国特色的证券民事集体诉讼制度正式落地，这对提高上市公司治理水平、保护中小投资者合法权益、维护市场“三公”秩序等具有重要意义。

上市公司是我国企业的优秀代表，是国民经济的中坚力量。没有好的上市公司，就不可能有好的资本市场。投资者是市场之本，上市公司是资本市场的基石，二者相生相伴，荣辱与共。上市公司投资者关系管理是一项非常重要的工作，也是投资者普遍关心关注的热点。希望上市公司积极主动开展投资者关系管理工作，为投资者参与公司治理提供便利。

上市公司规范经营，不断提高发展质量，以优良的业绩回报投资者，是保护投资者的最根本路径。下一步，投服中心按照资本市场“人民性”要求，秉持“为民　奉献　专业　引领”理念，与大家继续共同努力，不断拓展投资者保护工作的深度与广度，促进提高上市公司质量，为建设规范、透明、开放、有活力、有韧性的资本市场贡献自己的一份力量。

一是全面提升维权诉讼实效。稳妥推进首单特别代表人诉讼康美药业案，完善特别代表人诉讼常态化工作方案，推动代表人诉讼常态化开展。研究选取典型案件试点开展公益诉讼和提起首单投保机构股东代位诉讼。

二是全面提升持股行权示范引领作用。认真总结首次公开征集投票权经验，制定公开征集业务规则。联系机构投资者参与公司治理，推动机构投资者行权。

三是全面提升纠纷调解科技化水平。夯实资本市场纠纷调解主渠道地位，持续完善在线调解系统。健全与合作法院沟通机制，完善案件委托委派制度，提升案件转办处理效率。提升损失核定业务的专业性和权威性。

四是全面提升好“投服品牌”。扩大投服论坛受众面和影响力，凝聚市场共识，形成投保合力。坚持好、提升好《股东来了》品牌名片，助力建设资本市场健康理性的投资文化。

谢谢大家！

I 专题论坛一　发展ESG投资　服务高质量发展

INVESTOR

“ESG 投资新生态，绿赢未来”圆桌论坛实录*

盛世投资姜燕：

各位嘉宾、各位观众大家好。非常感谢大家参与本场“发展 ESG 投资，服务高质量发展”的专题论坛。近年来，ESG 投资受到越来越多资产管理机构的认可。有关统计数据显示，截至 2021 年 7 月，全球已有 4000 多家机构签署了负责任投资原则。相较前两年，践行 ESG 理念的机构数量逐年增长，ESG 投资在国内呈现一种升温的趋势。此外，各地政府以及监管机构也陆续出台了相关政策，特别是“30 · 60”双碳目标的提出，使 ESG 逐步得到资产管理机构的认可，成为资本市场的热点话题。

今天有幸邀请到了国内 ESG 生态圈中来自智库、投资机构和数字科技公司的代表，共同探讨 ESG 投资在国内的发展趋势和实践。

首先，给大家介绍一下参与本场讨论的嘉宾，他们是国务院发展研究中心金融研究所副所长陈道富、国投创益副总经理刘云、TPG 董事总经理沈晶、格澜数字 CEO 刘洋，以及远在上海与我们连线互动的清新资本创始合伙人胡宇晨。希望通过接下来的探讨，让各位观众了解 ESG 投资在国内的发展现状。

近年来，国务院发展研究中心金融研究所在 ESG 领域开展了大量的课题研究，首先请陈所长给我们简单介绍一下这两年 ESG 在国内投资领域的发展变化和趋势。谢谢！

国研中心陈道富：

我们金融所在 2017 年受基金业协会的委托，开展了关于 ESG 方面的研究，主要涉及理念、指标框架和指数初步设计等。这两年国内关于 ESG 投资的变化还是非常

---

* 分享嘉宾：姜燕（主持人），盛世投资可持续发展官、合伙人；陈道富，国务院发展研究中心金融研究所副所长；刘云，国投创益副总经理；沈晶，TPG 董事总经理；胡宇晨，清新资本创始合伙人；刘洋，格澜数字 CEO。

明显的。首先就是 ESG 投资理念受到了市场巨大的关注和热情的追捧,越来越多的投资机构开始关注并基于 ESG 投资。

这两年,国内的投资机构一方面受国际 ESG 投资理念的影响,另一方面,也是从自己实践出发开始关注 ESG 投资理念。现在不仅是资管行业关注 ESG 投资,不仅仅是证券投资,或者说证券的二级市场投资的机构采纳 ESG 投资理念并以此指导投资,而且越来越多的其他投资机构也开始引入 ESG 投资理念,包括监管部门对企业的管理,细分行业的投资行为和投资管理也开始引入 ESG 理念和管理框架。总之,国内 ESG 投资变化,一是越来越受到关注,而且这种关注从二级证券投资转向了一级市场,转向了股权投资,受到了监管部门的关注。

二是投资机构的 ESG 的投资,不仅停留在理念或者概念上,已经开始在他们的产品层面上,甚至有很多的投资机构已经在业务流程上引入 ESG 投资。越来越多的公募基金有专门的 ESG 投资团队或板块。ESG 投资也不仅是以负面清单的方式剔除投资标的,而是越来越正面介入,包括充当积极股东的角色,把 ESG 的理念嵌入整个投资环节中,包括前期的投研,到投资管理和投资标的选择等。中国的 ESG 投资已从概念和理念,开始逐步向产品和管理过程渗透。

三是 ESG 投资已成为部分机构投资决策的重要因素。经过这几年实践,特别是我国政府加大对环境的关注,强调高质量增长。是否采取 ESG 投资已经与投资业绩和风险高度相关了。很多投资者在投资实践中发现,当前,企业的财务指标、基本面、竞争能力等已不足以分析企业价值变化。已经出现一些企业,它当前的财务指标很好,但企业治理层面,不太关注环境和社会责任,或者做得不到位,最终风险暴露,投资者遭受巨大损失。从投资实践来看,越来越多的投资者,包括一些 PE 或 VC,从风险管控和投资标的选择上,开始把 ESG 纳入真实的投资决策中。

总之,这几年随着大家越来越关注环境,更加强调社会责任和高质量发展,国内 ESG 投资,从国际引入国内自我发展,从概念走向实践。

盛世投资姜燕:

感谢陈所长!国投创益在 ESG 领域也拥有丰富的实践,通过设立扶贫基金助力脱贫攻坚、推动高质量发展。请刘总介绍一下国投创益在 ESG 和绿色投资领域的实践。

国投创益刘云:

各位嘉宾,各位观众,大家下午好!非常高兴能够参加本次论坛,国投创益是

2013年年底成立的一家专门负责民生类基金的基金管理公司,至2021年受托管理5只基金,募资规模达到了377亿元,受托的基金过去几年主要是在贫困地区进行产业投资,服务国家脱贫攻坚战略。

在过去5年中,国投创益投资的项目近200个,投资金额430亿元,项目遍及29个省,400个县,为国家脱贫攻坚作出了重要贡献。2021年2月,国投创益荣获党中央国务院颁发的“全国脱贫攻坚先进集体”。

在获得良好社会效益、助力贫困地区脱贫的同时,基金投资也取得了较好的经济效益。国投创益从2020年就开始思考,脱贫攻坚完成之后,贫困地区产业投资基金该如何发展,未来在巩固拓展脱贫攻坚成果,服务乡村振兴战略方面,国投创益应该如何发挥作用?通过和基金业协会沟通,国投创益了解到了ESG投资理念。

国投创益的发展定位是打造一流的影响力投资机构,之前在贫困地区的投资实践中国投创益就十分关注贫困地区脱贫的社会效益、生态和环保等问题,结合现在提出的“碳中和”“碳达峰”目标和ESG投资理念,在服务乡村振兴战略的同时,也打造了具有自身特色的投资理念,也就是“spark”星火理念。Spark:s、p、a、r、k分别是5个单词的首字母。

s是“sustainability”,关注企业的可持续发展,我们在实践中发现,只有企业可持续发展,具有良好的商业模式、治理结构,才能够稳定发展,在脱贫地区发挥更好的作用,同时也能给投资者带来良好的回报。

p是“priority”,也就是优先性,在农业、农村、农民这三方面优先考虑投资项目对农业高质高效、乡村宜居宜业、农民富裕富足的促进作用。

a是“all-round”,全方位考量被投项目在促进乡村经济建设、文化建设、社会建设、生态文明建设等各个维度产生的影响,注重乡村发展各个领域的协同性及关联性,推进乡村产业、人才、文化、生态、组织等全面振兴。

r是“return”,指的是回报。我们除关注经济效益回报外,还着重关注项目在乡村振兴领域所产生的积极影响,包括社会层面和环境层面的正向改变,并评估项目实施所能产生的社会贡献,作为重要的投资决策依据。

k是“key target”,意味着“碳达峰”“碳中和”是我们在项目投资决策过程中的一个重要指标。通过培育壮大节能环保产业、推动各行业企业进行低碳转型,并全力配合各项绿色金融领域专项政策的实施,推动中国经济发展动力向更加绿色、低碳的方向转变,助力我国如期实现“碳达峰”“碳中和”目标。

按照星火投资理念,国投创益未来“十四五”期间的发展定位已经非常明确,下一步国投创益将围绕着“spark”星火理念,开展ESG方面的探索和实践。

盛世投资姜燕:

谢谢刘总,国投创益的“Spark”星火理念让人印象深刻。作为国际知名资产管理机构,TPG在ESG投资、影响力投资方面的实践在国际上处于领先水平,近期也发起了气候基金,接下来有请沈总给我们介绍一下TPG的策略和做法。

TPG沈晶:

多谢主持人,各位好!简单介绍一下TPG,我们是国际私募股权基金中比较早来到中国的,截至2021年在中国已经有三十来个年头。我们现在管理的资产规模约千亿美元。在ESG和影响力投资方面,TPG也是较早开始实践的。

TPG在影响力及ESG方面的实践,其实是一个由内而外的架构。

对内,我们是在整个TPG内部体系践行ESG理念,不光对我们的被投企业,或者说不仅是投资方面,也包括我们自身的组织架构、我们的组织发展、人才发展,以及内部的企业文化等方方面面。其实ESG是在我们内部的管理过程中是一个相当重要的实践。我们在做的事情、我们的管理方式和运作方式是不是可持续的,都是我们要关注的方面。这个是对内。在对外方面,我们ESG和影响力投资的实践分几个层面:第一个层面是负面清单制度。一些行业和领域即便投资回报很好,但我们也不会碰,这个是最简单的第一层过滤。

在这个基础上,我们对所有TPG平台上的基金和TPG在管的所有被投企业,都会有一个整体的ESG评估和实践。

ESG的评估从投前我们做投资标的评估时就开始了。我们会引进一个第三方的评估机构,对投资标的企业在ESG各个方面的实践做一个整体评估,评估的结果第一会影响我们的投资决策,第二会影响我们决定投资企业的ESG未来发展。做完这个评估,会有一个相应的“gap analysis”,就这个企业在不同维度——无论从环保、可持续性、平等发展、公司治理等各个方面,明确有哪些是我们能够推动带来改变的,哪些是企业能实现提升的机会,这是第二个层面。在投资以后,我们也会延续投前做的ESG评估,跟企业开展长期的互动和共创,在相关的领域和范畴之内推动企业在ESG方面的提升。

这块确实也是借助我们本身是一个私募股权基金,相应地有一些优势。我们能跟被投企业有深度、长期的互动,在这个过程中可能跟二级市场的基金有一些区别,二级市场基金可能更多是通过将资本导向到有更好 ESG 实践的企业从而推动 ESG 发展的,这些被投企业在 ESG 方面做得相对更好。

我们跟企业是一个更长期和紧密的关系,我们能通过跟企业的互动和对具体投资标的具体情况的第一手的评估,跟他们一起协作共创,不光在资本的导向层面去推动,同时也在具体措施的实施层面去拉动企业践行 ESG。就是说有一个更加有的放矢、更定制化、由大家一起来推动共同提升的这么一个方式。这是第二层。

第三层就是 TPG 确实也是全球范围内较早提出和实践影响力投资这个概念的私募股权基金。

我们早在 2016 年就设立了第一只专门的影响力投资基金。影响力投资基金的目标:既要求财务回报,也要求社会效益的提升,是把财务回报和社会效益并重的一只基金。到 2021 年 8 月为止,我们的影响力投资基金已经推出了第二期。最近也宣布了在影响力投资的大范畴下,我们又发起了一只专门的气候基金。整个盘子加起来,两只影响力基金加上气候基金,达到了百亿美元的规模。

最近刚刚推出的气候基金,也是专门针对我们现在面临的气候变化,包括全球范畴内的节能减排、"碳达峰"、"碳中和"这些相应的目标而设立的。

整体上来说,这些是我们的一些实践。

以我们的影响力基金举个具体的例子。我们的影响力基金在中国独立投资的较早的一个项目是中和农信公司。其实这个公司在中国的扶贫攻坚以及乡村振兴、乡村服务等领域已经深耕了差不多 30 年,在全国的县域及县域以下的市场,建立起了比较深入和长期的网络。这是通过对县域及以下市场的长期服务而赢得的乡村市场用户的信任,在这个基础上,公司又发展出一系列扶农助农、推动乡村振兴的服务。

我们在投资了这个企业之后,除推动企业自身的多元化发展以更好地服务乡村市场客户以外,我们也跟企业一道,促成了大量的公益方面的合作。我们认为这是个非常好的抓手。如今我们国家的整体脱贫攻坚工作已经取得阶段性的胜利,那么下一阶段在乡村振兴方面,除商业服务外,有这样好的一个平台,范围这么广、能扎得这么深,本身就是一个非常好的抓手,可以帮助落实国家的一些政策。社会上一些推动公益发展、推动社会平等发展的资源和举措,也可以借助这个平台,更好地落地下去,落实到真正需要的人手里。

那就简单介绍到这里。

盛世投资姜燕:

感谢沈总对TPG的体系建设和投资案例都做了精彩分享。在推动构建绿色低碳循环经济体系发展过程中,重点关注循环经济领域的清新资本也拥有非常多的投资实践,2021年刚上市的万物新生就是一个典型案例。接下来有请胡总分享清新资本在ESG投资领域的具体做法。

清新资本胡宇晨:

主持人好,各位嘉宾,各位观众下午好。非常荣幸参加中小投资者服务论坛,做一些ESG投资方面的分享。我是清新资本创始合伙人胡宇晨,清新资本创立于2017年,专注早期股权投资,目前的管理规模在人民币20亿元左右,还属于中小型风险投资机构。

我们应该是国内ESG投资或者说绿色投资比较早的践行者。我们从2020年开始,就正式成为联合国责任投资原则组织(United Nation Principles for Responsible Investment,UNPRI)中国65家签约机构其中之一。我们在ESG方向主要的投资领域有两个,即循环经济和可持续能源。我们在这两个行业已经部署了不少的龙头企业,像主持人刚刚提到的,我们在2016年就投资的国内最大的3C产品回收服务商爱回收,目前品牌整体升级为万物新生集团,于2021年“6·18”成功在纽交所上市,成为中概股ESG第一股。

这也给国际资本市场释放了一个非常好的信号——一家专注在ESG领域,同时具有一定规模以及优秀的业务增长性的中国公司能够登陆国际资本市场,并受到大量国内和国际主流投资人的关注。

除此之外,我们也投资了国内最大的可回收资源智能回收供应商爱分类,公司成立于2019年,经过两年多的发展,目前已经进入了国内21个城市,包括省会城市和一些二、三线城市,为全国居民提供便捷的垃圾分类中可回收垃圾的回收再利用服务。

另外,我们在动力电池方面,我们投资了国内领先的新能源车动力电池拆解服务商北新新能源;在可持续能源方面,我们投资了国内头部的氢燃料电池生产厂商爱德曼。

近期在国家“碳达峰”“碳中和”的国家大战略背景下,我们的被投企业都实现了非常好的业务增长。我们之后也会延续整个国家大战略,在ESG投资、绿色投资的这条主赛道上持续布局。协助已经投资的龙头企业实现产业链上下游布局,包括在循环利用的各个品类的拓展,在新能源电池车整个业务链条的布局,包括在氢能除乘用车外，在储能市场继续延续的投资等方面，会持续做资金投资的布局。这是我们在 ESG 投资上的践行，谢谢大家！

盛世投资姜燕：

感谢胡总！作为投资机构，我也想分享一下盛世投资在 ESG 领域的探索和实践。盛世投资是一家民营的政府引导基金和母基金管理机构，重点布局国家战略性新兴产业和高新技术产业，现在管基金百余只。2019 年，盛世投资正式加入 PRI，成为国内第一家签署负责任投资原则的政府引导基金管理机构。

参考海外经验，结合国内创投行业的发展趋势，盛世投资打造了“内外兼修”的 ESG 体系，对内制定了《公司运营 ESG 行动指南》，从培养员工的 ESG 理念、能力建设、完善内部治理体系和员工的福利等方面来打造内部 ESG 管理系统。

在对外投资方面，盛世投资围绕募投管退投资全流程打造了 ESG 投资指标体系，从基金和项目的筛选阶段，就会融入对 ESG 因素的考量，并通过 ESG 尽调对基金和项目的 ESG 表现进行打分，评分结果分为 A、B、C、D 四个等级。在商业尽调基础上，综合考量 ESG 表现，为投资决策提供参考。

在协议谈判阶段，盛世投资会把践行 ESG 投资理念、ESG 改善措施、ESG 信息披露等要求加入合同条款中。在投后管理阶段，除动态管理需要重点跟进的 ESG 改进，以及为 GP 和项目赋能外，也会重点收集子基金和被投项目在 ESG 价值创造方面的信息。

2021 年 3 月，作为国内首家发布碳中和声明的股权投资机构，盛世投资承诺到 2025 年实现范围一、范围二以及范围三中差旅部分的“碳中和”，并带动国内更多的股权投资机构和项目开展碳排放管理，持续推动投资组合碳减排。

近年来，盛世投资在精准扶贫、乡村振兴和绿色发展等领域开展了较多实践。在内蒙古通辽市，通过基金带动产业扶贫，产生了良好的经济效益和社会效益。在江苏、湖南等区域，盛世投资在绿色产业领域进行积极布局，重点投向新能源、新材料、高端装备制造等领域，为当地培育绿色产业集群。

此外，盛世投资还发起了青桐责任投资学苑，通过组织走访调研、沙龙、峰会等形式的活动，为投资机构打造 ESG 能力建设和经验交流的平台，推动国内 ESG 生态圈建设。

作为 ESG 生态圈中不可或缺的一分子，请刘洋总介绍一下格澜数字是如何推动 ESG 管理，并服务一二级市场机构的。

格澜数字刘洋:

谢谢主持人! 各位嘉宾各位观众大家好,我是格澜数字的 CEO 刘洋,非常荣幸能参与本次论坛,参与 ESG 主题的讨论。我先介绍一下我所在的公司。格澜数字是一个比较年轻的科技公司,我们主要的工作是为 ESG 和可持续发展提供经济、有效的数字化解决方案。格澜公司虽然比较年轻,但我们的团队应该说是 ESG 领域的"老兵",包括我个人在内的多位同事,都有近 20 年的 ESG 咨询服务经验。

成立格澜数字的一个核心原因是过往为金融机构提供 ESG 服务的时候,我们观察到了一些难点和痛点。因为咨询还是一项比较精英化的服务,具有较高的门槛,服务的对象往往是一些标杆性的企业。但这几年政策的变化,ESG 日益成为需要全产业链、全社会共同参与的事,所以做好 ESG,单靠标杆企业的改进肯定是不够的,它需要整个产业链上下游的配合,然后催生系统化的变革,而传统的咨询模式不太能解决这种连接上下游企业、实现协同并推进系统化变革的问题,所以我们也给自己提出了一个挑战,即通过种数字化的手段,为解决企业 ESG 管理的根本问题上提供一些产品及服务。希望通过这样的方式,我们不仅能服务大企业,也能让这些大企业产业链上下游的企业共同参与到相关的 ESG 实践中来。

以私募股权投资行业为例,一个投资机构可能有足够的资源去做好自身的管理,但其更大的 ESG 影响实际是来自其投资的公司。对受资公司,每个公司可能都在不同的发展阶段,他们既要面临自身各种各样的经营挑战,还要同时管好 ESG 这件事。怎么能为他们提供服务,帮他们跨越知识和能力上的障碍,提供一些经济有效的解决方案,是我们一直致力在做的事。尽管 ESG 管理的专业门槛不低,但是我们希望通过我们的服务让各类企业在做 ESG 工作时能够轻松上路,并且大家能协同起来,一起去配合做这件事情。只有这样,才能够真正地推动系统化的变革,这是格澜数字发起的初衷,也是我们的愿景。

盛世投资姜燕:

感谢刘洋总! 尽管有越来越多的机构认可并采纳 ESG 理念,但国内 ESG 投资的发展仍然面临不小的挑战,特别是在 ESG 标准建立、信息披露质量、数据的可获得性上仍需不断完善。

在过去几年中,国研中心金融所和中基协在 ESG 领域也开展了许多课题研究,下面请陈所长来介绍一下国研中心在推动建立 ESG 指标、ESG 标准和 ESG 评价体系等方面的工作以及建议。

国研中心陈道富：

感谢主持人的提问，借这个机会跟大家分享我在 ESG 投资方面的研究成果。到目前为止，我们的研究已经开展了三期，第一期偏向于理念和指标体系框架设计；第二期主要是指标体系完善和指数化；第三期转向了基于数据库的指标体系开发和指数设计。

我想结合我这几年在 ESG 投资研究跟大家分享四点感触。

第一，关于 ESG 投资理念问题，可以从两个维度理解：第一个维度就是外部性的内部化。我们知道企业投资时，更关注的是财务回报，是股东价值的最大化。但是在这一过程中，他的行为在环境方面可能具有一定的外部性，处理社区、上下游关系时，也可能具有一定的外部性。这些外部性财务指标或者说财务回报中并没有反映出来。ESG 投资理念首先就要把这些外部性内部化，使企业对它的行为负全部责任。这样，投资者也能避免“踩雷”。外部性累积到一定程度后，容易成为风险事件，最后影响投资回报。在投资界，刚开始的时候主要是基于这个方面关注 ESG 理念的，所以也都是从负面清单的角度来使用 ESG 的。

第二个维度涉及如何重新看待微观主体。微观主体或者说企业，其实是内嵌于我们社会，内嵌于自然界的，它并不是孤立存在的。所以对这些主体的认知和评判，就需要把它放在社会或放在自然界中来。用一句话表达，就是站在社会来看企业，站在地球来看企业。只要企业是跟社会、跟自然界是融合发展的，那么它就是社会和自然的一部分，就一定是可持续的。因此，所谓的 ESG 理念，应该就是营造一种能够真正地融入社会、融入自然的微观主体的自我成长理念。

第二，ESG 指标设计。简单说，ESG 指标是涉及财务以外的几乎大家认为重要的所有方面。这也会涉及两个方面的争论：一是关于财务指标和非财务指标的使用问题。一般认为，ESG 指标不涉及财务指标，但事实上，会计只是一种经济语言，一种用借贷的方式刻画经济活动的语言，并且是一个通用的、目前最准确最完整的信息来源。因而不能轻易放弃这个信息来源。实际上，从这些经济活动中仍可以反映非财务信息的，如同行为显示偏好，我们仍可以通过对财务数据的合理使用，挖掘出超越财务的有效信息。

二是会涉及多个价值标准，进而涉及价值标准的排序问题，即如何合理地对价值标准进行排序。价值标准本身没有对错，只是不同社会在不同时期关切程度不同。因而会涉及国际标准和国内标准，会涉及不同行业的不同价值标准，不同企业在不同发展阶段的关注点和价值取向不同。这背后实际上是如何平衡不同价值目标重要性问题,即目标排序。目标排序没有最优解,没有说一定什么目标序列是优于另一个的,它只是一种方法,可以合理地把目标用合理的方式呈现出来,并较好地汇总社会对不同目标的倾向性,以最终形成与社会认知更一致的符合当前社会引导方向的目标排序。

实际操作中,我们在价值目标选取时,是参考国际经验,但最终以国内特色和国内发展阶段为准选择价值目标,并形成指标体系。ESG 理念包含内容太广泛,会涉及非常多的目标和指标。目标和指标不是越多越好,需要简洁、可操作,但能充分反映我们想反映的价值取向。

第三,指标体系的评价方法,主要是如何将不同价值标准下的指标整合成一个可以相互比较的综合性数据。我们用了很多技术性的方法,包括标准化,包括主成分和辅助成分,以及动态自我权重形成等技术。之后便是将其指数化的过程。

最后我想跟大家分享的是我们未来想进一步努力的两个方向:一是更多指标会将分子控的公司纳入分析。很多公司涉及大量的分子控的,如何把分子控有效的整合到一个集团公司来统一评估,有大量的工作需要做。二是不同行业不同发展阶段有不同的诉求,即不同行业需要有不同的 ESG 评价标准,我们需要分行业细化特色指标。我希望能够跟社会共同推动,使 ESG 指标更合理有效,最终推动整个社会能有效落实 ESG 的投资理念。

盛世投资姜燕:

感谢陈所长的介绍,希望陈所长的研究成果未来能够指导一级市场的 ESG 投资实践。近年来,资本市场也出现了一些负面事件,请在座的投资机构结合自身实践谈谈你们在投资标的筛选或是投资过程中,关注哪些核心 ESG 议题、重点参考哪些指标体系推进项目的 ESG 风险管理和表现改善。首先请刘总来给我们介绍一下。

国投创益刘云:

国投创益的定位,实际上就是管理民生类的基金,受托基金过去几年是服务于脱贫攻坚的,在过去的实践中,对于国投创益是极大的考验,因为既要关注经济效益,又要关注社会效益,特别是社会效益如何体现,反映了我们投资企业如何发挥减贫带动效果。

之前在国家等各个层面,并没有相关的指标。国投创益在实践中不断摸索,通过专家学者调研,逐渐形成了一套社会效益评价体系,从最初的 5 个指标发展到完善的三级体系，一共 30 多个指标。在脱贫攻坚完成之后，国投创益转型到影响力投资，结合之前的投资实践，引入了 ESG 概念。

ESG 指标体系非常多，在本土接受过程中，可能有一些指标并不是太适合。再加上国投创益受托基金的特点，之前是服务脱贫攻坚，现在是巩固拓展脱贫成果，服务乡村振兴战略，带动欠发达地区的经济发展，提升欠发达地区的内生动力和"造血"功能。所以国投创益在设计 ESG 指标的时候，就将在脱贫攻坚中形成的经验和实践进行了一些转化。

目前，国投创益初步设计的 ESG 指标，涉及环境、社会、治理 3 个维度，有 12 个二级指标和 29 个三级指标。指标并非越多越好，而是要结合投资实践和基金特点进行制定，并发挥它的引领作用。

其中在三级的 29 个指标中，有多个指标涉及乡村振兴概念，国投创益整个 ESG 指标体系，其实是由两套标准组成的：一套是基础的 ESG 指标，另一套是乡村振兴的相关指标和关联指标。国投创益按照企业的不同行业和发展的不同阶段，给予其相关联指标不同的权重，通过对企业进行评价，考量被投企业对乡村振兴的贡献程度并指导其持续提升，达成产业兴旺全面引领乡村振兴的目标。

国投创益从 2021 年开始逐步探索 ESG 投资，同时在实践过程中发现，在 ESG 理念的接受和普及上，我们国内还有比较大的提升空间。比如，在和投资企业沟通时，讲到服务脱贫攻坚，带动贫困人口致富，企业都非常容易接受，而讲到 ESG 投资，企业就不是很理解，还需要一个慢慢接受的过程。对国投创益来说，我们选择投资标的，更多是要相互沟通，不断普及 ESG 投资理念，作为私募股权投资基金，在一级市场更要发挥好引领作用，因此国投创益在 ESG 指标体系上也会不断完善。

盛世投资姜燕：

谢谢刘总！接下来请沈总介绍一下 TPG 的探索与实践。

TPG 沈晶：

谢谢主持人。从 TPG 在 ESG 的指标体系和实践的角度来说，我们基本上涵盖了几个层面，就是刚才提到的。一是底线的层面，就是负面清单制度。清单不只包括一些特定行业，也包括一些企业在 ESG 领域具体的做法、操守以及过去的一些行为。我们每个项目都会做背调和尽调，如果企业在过去有某些具体的负面行为，这些企业我们肯定不会碰的，这是底线。

另外，我们其实刚才也提到，TPG 的几只影响力投资基金加在一起已达百亿美元,占到了 TPG 全部管理规模的 10% 以上。那么从影响力基金的角度来说,我们投资是有一个硬的准入门槛的。

TPG 应该是第一个引入“社会影响力回报倍数”概念的投资机构。从设立影响力投资基金的第一天,我们有几点是比较坚持的。一是影响力投资基金一定要有清晰的标准界定,这个标准是什么?这个标准首先必须得第三方独立评估。二是标准可量化。三是我们的整个指标体系,就从“社会影响力回报倍数”这个角度来说,是紧扣联合国 17 个可持续发展目标的。

那么具体到每一个行业和投资标的上,我们向下会针对他们的业务和展业方式去界定相应适用的企业影响力指标。在这个基础上,我们是有一个最低的社会影响力回报倍数要求的。也就是说,一定得过这个硬性门槛,这个项目我们才能用影响力基金去投。

这个是量化的角度,刚才陈所长讲得特别好,就是说实际上当我们去看企业的 ESG 范畴也好,企业的社会影响力也好,其实已经牵涉企业外部性的方方面面,那么定量的指标肯定是不足以涵盖所有这些方面的。

从我们的角度来看,定量更多的是一个硬性的、可量化的、客观的进入门槛,这算是一个最低标准。与此同时,我们也会结合我们投前整体的 ESG 评估和投后的持续提升。这会更多地涵盖一些定性的、针对企业往更高的层面提升的这些方面。

我们的方法论其实就是:投资之前,我们会有相应的 ESG 评估,评估的方式不仅是企业提供信息、进行问卷访谈等,我们也会结合第三方的尽调和背调结果去做投前的评测。

投资之后,无论是对社会影响力回报倍数的持续跟踪,还是我们投前界定的企业在 ESG 范畴内可以提升的具体方面和举措,在投后我们都会进行持续追踪和提升。

总的来说,今天市场上确实没有一个大家都认可的标准,作为在 ESG 和影响力投资方面相对比较早的实践者,我们也希望 TPG 摸索出的这套方法可以给更多机构以借鉴。也就是说,把国际标准引入中国市场落地,在探究如何更好地结合中国市场的实际需求,在与企业的不断探索、共同实践的过程中,总结出了一些经验,也可以给更多的机构借鉴。

盛世投资姜燕:

感谢沈总的分享,请胡总来介绍一下清新资本在 ESG 投资和管理方面的实践。

清新资本胡宇晨：

谢谢主持人！我们在 ESG 投资的实践主要有三个方向的初步探索。

第一，在实操层面，由于我们大部分被投企业和 ESG 直接相关，所以在企业的数据量化统计方面，我们做了很多工作，同时我们也尝试在被投企业建立一些可追溯的体系。

我们采取月度、季度收集被投企业数据，统计企业在 ESG 方面作出的一些量化贡献，比如，“爱回收”总共收了多少 3C 产品，其中多少进入了再流通循环的渠道，多少进入了拆解环节。

我们投资的垃圾分类公司会进行六大类可回收物资的循环再利用，公司会统计纸、塑料、金属、纺织物等这些可循环利用的原材料每天的回收量，各类资源进入循环体系的数量，具体可以分为多少原材料进入了下游厂商再利用或者再生产等，比如，最近很有意思的数据是，二手服装有多少留在国内继续循环，又有多少出口到非洲到东南亚等。相对来说，经济欠发达地区得到了再循环，而经济发达地区的资源实现了再利用。

同样，对锂电池拆解项目来说，多少动力电池得到拆解，多少贵金属进行了提炼，还包括像清洁能源动力系统的装机数量，搭载清洁能源电池的车辆的行驶里程数等。

这些形成了一套相对来说数据量比较齐全，同时数据具有实时性、可追溯性的一套体系。当然，这还是我们从投后管理的角度自发进行的行为，也非常希望有机会能够学习 ESG 整个指标体系，看如何能够跟企业的实物运营挂钩，更加体系化地采集数据，这是我们在实操方面的一些探索。

第二，我们初步进行了一些理论上的研究和摸索，目前还在非常早期的阶段。我们认为，企业从社会获得了发展所需要的各项资源，也获得了开展商务活动的这些权利，同时应该承担起相应的社会责任。我们也在不断地进行一些和学术研究机构的合作，作一些理论上的探索，以反过来指导我们在行业研究方面的工作。

第三，是理论和实践相结合的一种探索。我们目前的重点是在研究碳交易相关的一些规则，碳交易所是这两年开始的新兴市场，我们认为它未来将会是企业履行社会责任的一个比较好的量化载体。交易所是具有经济利益相关性的一个载体，通过交易机制能够使良好履行社会责任的企业获得经济方面的超额收益。同时，这套机制也能加大那些没有履行相应社会责任的企业的运营成本。

所以结合投资实务层面，我们也希望把已投企业的实际业务跟碳交易相关的规则能够联系起来,将企业的实际运营与碳交易相挂钩,使企业能够更好地履行社会责任。这就是我们机构现在在做的三个方面的尝试,谢谢主持人!

盛世投资姜燕:

感谢胡总的分享!盛世投资在ESG体系建设方面也做了一些积极的尝试。参考国际标准,结合国内投资机构的实际发展情况,盛世投资筛选核心ESG指标,以定性和定量相结合的方式去评估投资标。盛世投资的ESG指标体系分为三部分。第一,ESG合规性,即重点考量GP或项目在ESG方面是否合规。

第二,从GP和项目的ESG投资与管理流程上进行评估,考量该GP或项目在组织架构、ESG投资策略、员工ESG能力建设、激励机制等方面是否完善,如何通过ESG投资和管理降低风险、提升ESG表现。

第三,从两个维度以定性和定量的方式收集ESG数据:一是GP管理的基金本身的ESG数据;二是投资组合中重点项目的ESG数据。

在这个过程中,我们发现环境领域的数据可获得性较强,这也是我们关注的重点之一。特别是在国家"30·60"双碳目标的指引下,会重视被投项目二氧化碳排放数据的收集。2021年,市场上有很多低碳基金、绿色基金或碳中和基金已经设立或拟设立,盛世投资在与他们交流的过程中,也会积极引导他们收集可衡量的ESG数据。

以乡村振兴和绿色农业领域的投资项目为例,盛世投资在浙江投资了一个全龄人工饲料工业化养蚕的项目,在项目达产后年销售额将非常可观。在投后管理阶段,盛世投资通过向被投企业委派董事、监事,推动企业践行ESG和绿色发展理念,为企业赋能,充分发挥资本对经济、环境、社会的正面引导和贡献,助力企业实现可持续发展。在环境和社会效益方面,工业养蚕的方式基本不会造成环境污染。由于使用人工饲料替代桑叶、鲜茧直接缫丝,也减少了烘干环节对自然资源的消耗以及对环境的污染。同时,该项目采用机械化、工业化养蚕模式,与传统饲养模式相比,可节约95%的土地面积,劳动生产率提高超过500倍。这个案例可以说明,每一个项目都需要根据行业特点来关注核心ESG指标。

盛世投资正在积极和研究机构、第三方服务公司等展开合作,探索如何细化不同产业领域的ESG指标。希望未来可以携手更多投资机构共同推动ESG标准的研究和建设工作。

作为数据服务提供商,接下来请刘洋总介绍一下格澜数字是如何推动完善一级市场ESG数据衡量和评价的。

格澜数字刘洋：

谢谢！其实刚才陈所长对二级市场 ESG 评价这块的分析已经非常透彻了，格澜数字也很荣幸能够支持到国研中心的研究项目，我认为这当中提到的很多理念对一级市场同样具有指导意义。

接下来分享我们在工作当中的一些体会。在讲具体事情之前，我想先谈两个理念层面的体会。第一个体会与陈所长讲的二级市场数据的情况是类似的，我们在做 ESG 数据分析和研究的时候，更多是采取一种自下而上、结合中国国情的方式。怎么样在最少的资源下找到最有标志性的数据，并且通过这些数据的分析，能够给企业的管理者和投资人提供真正具有指导意义的建议，这需要因地制宜从中国的政策框架、市场情况和监管体系出发。这是我们做服务时候一个出发点。

我的第二点体会是，ESG 不只是标杆企业的事情，它需要全行业的参与，所以这当中，它的可操作性和经济成本就很重要。如果说做 ESG 很难上手或者是需要跨越很高的门槛，可能无形当中就把很多企业挡在了门外。所以我们一直秉承的理念是用数字化的方式去改进传统的服务模式，从而达到降低成本、增强覆盖率、提升管理效率的目的。

秉承上述的两个理念，在服务一级市场客户的时候，我们主要是做了三方面的事。

第一个方面，是帮助投资机构保护好“基本面”。因为刚才的几位专家也提到了，传统的管理模式有负面清单和尽职调查机制，但在这两者之间还有一个“真空地带”。尽职调查需要请专家，成本高、时间周期长；负面清单只能筛掉一些特征行业，不能进行主动管理；在两者之间，如何对投资项目外部暴露的风险进行快速筛查，以前没有特别有效的方法，而数据和数字化提供了一个比较可行的解决方案。在实践中我们发现，一些通常被认为 ESG 风险不高的投资赛道，如消费类、医疗健康，通过数字化的手段把公司拆开来看，深入他们的关联公司之后，还能发现不少的问题。我们用数字化的方式帮助投资管理机构识别出外部的 ESG 风险，特别是在合规方面，帮助其做好“基本面”的管理，这也符合投资人的期望。

第二个方面，我们会提供一些因地制宜的管理服务。每个机构投资的赛道不同，投资的阶段不同，如果期待每个被投企业都进行全面的 ESG 管理，也是件不太现实的事。所以可能要结合一个投资机构和其被投企业的成长阶段，找到真正有矛盾点的 ESG 问题去解决。这样才能让 ESG 的管理工作创造更直接的市场价值。我们围绕这个核心思想在ESG能力建设和投后管理等方面开展有针对性的服务。

第三个方面,是信息披露和利益相关方的沟通。无论一个投资机构或被投企业内部做了多少ESG的工作,最终需要通过外部的市场检验和社会监督,才能将内部工作转化为外部的认可,从而提升自身的商业价值。所以这当中如何去跟有限合伙(Limited Partner,LP)、监管机构、公众组织等各类利益相关方做好ESG方面的沟通也是一项很重要的工作。现在市场上也形成了众多的信披标准,如何能够准确、专业地进行多元利益方的沟通,是我们服务的一个主要方向。

最后,无论是一家投资机构还是一家企业,要做好ESG工作其实需要挺多资源的支持,单靠一两家服务机构是不够的。因此我们也尽量发挥我们平台的优势,把各个领域好的咨询和研究机构能够整合到平台上,与我们的数字服务结合起来,为投资机构和受资企业提供更丰富多元的解决方案,让大家共同进步、协同发展。

盛世投资姜燕:

感谢刘洋总!刚才各位专家从趋势谈到了投资管理、数据衡量等具体做法。接下来,请大家从各自角度谈一谈对我国ESG和绿色投资发展的建议和想法。

从专业智库的角度,陈所长您对有效推动国内ESG投资有哪些建议?

国研中心陈道富:

在建议方面,我谈三句话。

第一句话,就是理念问题,我认为ESG投资的核心是价值观问题,是认知和格局问题。只有所有参与者真正感受到ESG投资理念的价值,才能内化于心,才能从组织与流程上,在决策和行为中真正贯彻ESG理念。或者说,ESG不是口号,需要在理念上真正被社会接受,成为社会内化的价值取向。

第二句话,是要有用。有用就需要把它特色化,需要跟行业,跟微观行为主体结合起来,需要专业化的机构。ESG涉及面太广了,只在面上提供方向,有用但不解渴。他需要发挥所有的各个领域的专家,结合对行业,对企业的深入了解,给出具有特殊性、可操作性的一套标准和方法。因此,推动ESG投资不仅需要高屋建瓴的指标体系,还需要多样化的、多层次的专业服务,为公司提供特色服务。

第三句话,是需要逐步积累数据库和一致的行业监管标准。ESG投资的核心是价值取向和格局,但要通过日常的监管和行为,表现为数据,累积为数据库,表达特定文化和发展阶段的统一的价值取向。因此,关键是统一执法和扎实的数据积累。只有把这些基础做好,宏观的ESG理念才能够跟微观结合,才能以一致的、有效的方式成为社会行动的方向，才能使个体的行为跟自然与社会真正地融合在一起，在融合过程中既成就了你我，也成就了自然和社会。

盛世投资姜燕：

感谢陈所长！刚才陈所长的内容可以总结为“理念”“有用”“标准”“监管”“第三方”“服务”等关键词。那么投资机构应如何通过提升与完善自身 ESG 体系和管理水平，助力经济和社会的可持续发展及国家双碳目标的实现，请刘总来分享一下您的建议。

国投创益刘云：

ESG 投资对国投创益来说也是一个新的领域，但其实类似的投资实践，国投创益早在 2015 年就开始了。国投创益受托管理的 5 只基金中，有两只是国家级基金，专司原贫困地区的产业投资，这两只基金规模近 350 亿元，设立之初，就确定为滚动投资，存续期 15 年。

现在两只基金投资运作了 5 年多的时间，还有将近 10 年，因此对 ESG 投资，国投创益的发展空间很大。一是进一步制定和完善 ESG 投资的体系跟标准。

二是尽可能采集更多数据，形成一个国投创益的数据库，当然也可以借助第三方或者是其他外围力量。国投创益的优势就是投资 400 多亿元，涉及 200 多家企业、十余个行业，打造了 7 大产业平台。国投创益一旦建立起完善的标准体系，依靠存量投资企业，就可以通过投后管理评估采集大量数据，进行数据库建设，未来通过滚动投资，还将涉及更多企业，在一级市场获得更多数据。

三是将 ESG 投资理念嵌入投资全流程中，落实到投资协议中，帮助企业更好地发展。

四是建立一个定期评估体系，及时回顾投资时制定的发展目标，帮助指导企业不断进行完善和提升。

五是聘请第三方机构对被投企业进行尽调，并适时发布 ESG 投资报告，发挥更大影响力，带动更多社会资本关注 ESG 投资理念，为乡村振兴做贡献。

通过以上环节，国投创益按照过去 5 年在脱贫攻坚中积累的经验，将 ESG 投资形成了一个闭环管理体系，并且不断分析、优化完善，从而促进“碳中和”“碳达峰”目标和乡村振兴战略早日实现。

盛世投资姜燕：

感谢刘总给出清晰的 ESG 投资行动路线图。下面请沈总来分享您的建议。

TPG 沈晶:

好的,我有几点建议:一是无论是践行ESG理念的企业也好,还是社会公共资本也好,希望真正遵循这个价值观去践行的主体越来越多,这是第一点。

第二点,从从业者和构建生态的角度出发,我们现在确实已经看到越来越多的机构加入ESG这个理念中来。从业机构和生态圈现在也在非常快速地发展。在这一点上,大家确实可以多沟通、多交流。大家都在摸索的过程中,那么有一些好的经验,实际上可以自发形成一些有建设性的行业准则,包括数据库、智库,形成一些行业相应的资源和准则的积累。

从公共政策和监管的角度来说,政府现在发挥了非常好的引导作用,令这个主题有了这么高的公众认知和社会认可。同时,社会资本也好,国家队也好,其实都投入了相当多的资源在这一方面。这对推动这个理念和行为方式,我们认为特别好。

从监管和准入的角度来说,我们的期待是耐心和克制地对待这个行业、生态圈。在这个行业的实践者有了足够的数据积累、时间积累、经验积累的时候,可能给政府更多有建设性、可操作性的基本经验。我们的一些学到的经验,栽过的跟头、走过的路,可以分享给大家。在这个基础上,继续推进整个行业后续的监管标准和准入体系建设,肯定是一件特别重要的事儿。

在这个过程中,我们的感觉是,大家其实都还在早期的实践过程中,确实需要一定的时间积累,有正确的经验才能够供决策者去决策。

盛世投资姜燕:

感谢沈总!请胡总谈谈您的思考。

清新资本胡宇晨:

我们有两点小的建议:

第一,希望看到政策层面更多的引导和鼓励。我们也是看到了一个比较明确的趋势,我们的被投企业在市场准入、市场拓展、资金使用成本等各方面或多或少都获得了一些政策上的支持。希望这种政策能够更多一些,从政策层面来引导、鼓励能够践行ESG的企业得到更好的发展。

第二,期待看到金融市场层面的创新。比如,刚刚提到的碳交易,有没有可能把ESG相关的投资跟一些碳交易相结合起来,实质上增加整个行业中实践ESG投资的机构的收益。同时在一级和二级市场中,有没有可能对良好践行社会责任的企业给予更高的议价或者估值?基于我们看到的现状,现在对绝大部分的企业来说,ESG更多的是一种额外的成本,这也会间接或者直接打消一些企业履行 ESG 的积极性。

我们非常期待看到在金融市场、资本市场,在实务操作的层面,能够给良好践行 ESG 的企业给予这种比较恰当的认可。这是我们一些小小的建议,谢谢主持人!

盛世投资姜燕:

感谢胡总的分享!当下,随着国内一二级市场联动,如果一级市场投资的企业在 ESG 风险管理和表现方面得到改善和提升,相信到了二级市场也会得到资本的认可,这也是我们希望看到的。接下来请刘洋总分享您的建议。

格澜数字刘洋:

我有一个提醒和两点建议。

自从 2020 年国家提出"双碳"目标之后,"碳中和"这一话题变得特别热,当然这个市场热度对我们这些从业者是件好事情,但是近期我也看到了很多值得警惕的泡沫,包括不少信息传播上的误导。我觉得 ESG 是长期主义者的乐土,所以我们在看待这件事情的时候,应该把它看成一个"长跑比赛",而不是"短跑比赛"。"双碳"目标不是说一段时间内让大家冲刺去做,其实它更像一场艰苦的"长跑比赛"。在比赛中,首先你不能落伍,只有保持在前列,才能有夺冠的机会;但是如果你一开始就冲到最前面,没有比赛策略,也很难取得最后的胜利。所以我觉得不管是 ESG 还是"碳中和",大家是需要从现在就出发,但是每一个机构应该结合自身的特点,选取一个适合自己的策略,比较务实地往前推进。以上是我的一点的提醒。

我的两点建议:一是关于数据;二是关于信息披露。简言之,我认为可信数据是能够帮助机构作出高质量 ESG 决策和管理的基本前提,而好的信息披露是能够帮市场作出正确选择的一个必要基础。所以如果我们真要推动市场的良性发展,这两方面都十分重要。

关于数据,前面几位专家已经谈了不少,我认为讲得很中肯。我有一点提醒是在构建数据的时候,我们应该重视构建可信数据,因为只有可信数据才能支持有效的决策,才具备真正的商业价值。举个例子,现在"碳中和"话题比较热,大家都在收集各种碳的数据,可实际上就大部分的企业而言,它们基本的管理能力尚未建立,要获得可追溯、可验证、可信赖的碳数据,首先需要帮助企业解决如何经济、有效进行碳核算的问题。如果没有这个前提,即使能收集上来数据,也不足以支撑有效的 ESG 管理。

第二点建议是刚才提到的信息披露。其实无论是国际还是国内,已经有很多的组织和专业机构提出了各类 ESG 信息披露标准,这类标准未来可能变得越来越多、越来越复杂,我认为投资机构需要更主动地去了解,尽早地建立自身的管理能力。可能也需要像我们这样的服务商提供一些解决方案,让企业或者投资机构能更有效地去管理各个层面的信息披露,在兼顾管理效率的同时,实现更好的利益相关方沟通。信息披露有利于引导市场作出正确的选择,也会引导行业的良性发展。

盛世投资姜燕:

感谢刘洋总!刚刚刘洋总“长跑比赛”的比喻非常好,ESG投资可以帮助投资机构降低风险,发掘出可以长期、可持续发展的企业,从而推动经济社会价值的可持续发展。各位专家提的建议已经非常全面和有代表性,我也从机构的角度补充三点建议:一是呼吁长期资本流入责任投资领域,形成资本正向循环;二是LP和GP应该携起手来,在ESG上达成理念共识,共同推动企业的可持续发展;三是培养ESG和低碳人才,推动能力建设。

不久前,联合国政府间气候变化专门委员会最新发布的研究报告称,人类活动对气候升温的影响达到了前所未有的程度。所以留给人们采取行动应对气候变化、阻止气温上升1.5摄氏度的时间非常有限。

现在到了政府部门、投资机构、被投企业、第三方咨询服务机构、学界等各方力量携起手来推动ESG发展的关键时刻。希望通过本场论坛给大家更多启示,共同探索国内ESG投资的本土化路径。感谢大家参与本场论坛的讨论,谢谢!

专题论坛二　规范公司治理　促进投资者保护

INVESTOR

中证中小投资者服务中心副总经理贺瑛在第四届中小投资者服务论坛“规范公司治理促进投资者保护”专题论坛上的主持致辞

贺 瑛*

尊敬的各位领导、各位嘉宾,屏幕前的朋友们:

大家下午好!感谢社会各界一直以来对投服中心工作的大力支持,感谢各位百忙之中参加本届投服论坛。

本分论坛的主题是“规范公司治理,促进投资者保护”。好的公司治理意味着公司的信息披露是有效的,好的公司治理意味着公司的董监高是勤勉尽责的,好的公司治理还意味着公司的各项决策是经过充分制衡的。总之,好的公司治理有利于投资者作出理性的投资判断,进而明确投资预期,实现投资者保护。因此,关注公司治理一直是投服中心持股行权工作的重要抓手,也期望通过此次论坛,宣传投服中心行权理念,与社会各界交流规范公司治理的意见建议,共促投资者保护。

自2016年试点持股行权业务以来,投服中心始终坚持人民性的基本政治站位,从中小投资者进入资本市场的基本利益诉求出发,聚焦广大中小投资者的利益痛点,开展持股行权工作。截至2021年6月底,投服中心共计持有4367家上市公司每家一手股票(包括300家科创板公司),累计行权2942场,累计行使股东权利3780次。2021年上半年,投服中心紧盯市场热点难点,践行积极股东主义,助力规范公司治理,提升上市公司质量,保护投资者合法权益。在此期间,采取公开发声、发送股东函件、参加重大资产重组媒体说明会、走进上市公司等方式,针对资产交易、业绩承诺变更、控股股东非经营性资金占用等事项,对52家上市公司展开日常行权,取得了良好的

---

* 中证中小投资者服务中心副总经理。

行权效果。此外,投服中心还重点实施了两项专项行动。一是集中参加了206家上市公司年度业绩说明会,围绕年报解读、公司经营等事项提出专业问题,示范引领中小投资者积极参会,推动董事会与投资者建立良好的沟通机制,提升了业绩说明会的交流效果。二是作为投保机构首次启动股东表决权公开征集,就某公司《关于修改公司章程的议案》向公司全体股东征集投票权,参加当场股东大会的股东共3026人,其中,中小投资者共3019人。在广大中小投资者的积极参与下,上述议案获得通过。该案的成功极大地激发了广大中小投资者参与公司治理的热情,起到了良好的示范引领作用。

行权工作的顺利开展,离不开中国证监会及系统内各单位对行权工作的指导和大力支持,离不开市场机构对行权工作的专业建议与热心参与,离不开专家学者对行权工作的建言献策,离不开社会各界人士的广泛关注。据不完全统计,2021年上半年,各大主流媒体报道持股行权上百次,"投服中心"微信公众号中关于持股行权业务的文章点击量超过万次,投服中心的调查显示63%的中小投资者了解过持股行权,持股行权的影响力在逐步扩大。在这里,我谨代表投服中心,对市场上关注持股行权、支持投保工作的各界人士表示衷心的感谢。

在行权工作取得较好效果的同时,我们还清醒地认识到,持股行权工作还有许多不足,面临着诸多挑战。为了更好地推进持股行权工作,我们总结了几点公司治理方面的问题,作为本次分论坛议题,邀请各界嘉宾进行讨论。一是针对上市公司并购重组信息披露简化、特殊行业信息披露的有效性欠缺等问题,提出议题"提高信息披露透明度,保障投资者知情权"。二是针对上市公司控股股东或实际控制人违法占用上市公司资金的问题,提出议题"增强公司控股股东与实控人的敬畏之心"。三是针对董事会在并购重组等事件中未能勤勉尽责问题,提出议题"强化董事履职尽责"。四是针对机构投资者参与公司治理的力度还有待加强的问题,提出议题"促进机构投资者参与公司治理"。此外,我们还邀请中国证监会上市部相关领导就上市公司治理问题专项演讲。

提高公司治理,强化投资者保护是一项长期性、系统性的工作,需要社会各界的广泛参与和大力支持。我们衷心地希望能够以本次论坛为契机,凝聚各方智慧,开拓行权思路,增强工作合力,与各方共议上市公司高质量发展,共促投资者保护。

"规范公司治理,促进投资者保护"专题论坛正式开始,有请嘉宾进入议题讨论环节。

议题1:提高信息披露透明度,保障投资者知情权

中证中小投资者服务中心行权事务部执行经理闫婧在第四届中小投资者服务论坛“规范公司治理促进投资者保护”专题论坛上的行权案例介绍

闫 婧*

一、在简化上市公司并购重组信息披露要求的监管导向下,如何有效保障投资者知情权

近年来,为进一步鼓励支持上市公司并购重组,降低上市公司信息披露成本,提高并购重组效率,中国证监会及沪深证券交易所对上市公司并购重组有关的信息披露指引等规则进行了一系列修订,较大幅度地简化了上市公司并购重组的信息披露要求,如在重组预案中不再强制上市公司披露交易标的的预估值和拟定价等。对非重大资产重组且需要股东大会审议的议案,目前相关信披规则未明确规定交易标的的基本情况需披露的具体程度,导致许多交易公告披露内容过于简单,股东对交易标的的实际经营情况等完全不了解,无法客观地对交易标的的价值做出判断并理性决策。

以强力新材(300429)收购格林长悦案例为例。2020年5月,强力新材的全资子公司强力光电以现金支付方式向控股股东格林感光、实际控制人钱某某、非关联方常州元正投资合伙企业购买格林长悦100%的股权,股权转让款为7421.59万元。上市

* 中证中小投资者服务中心行权事务部执行经理。

公司披露的标的公司的基本情况仅有标的公司名称、标的公司经营范围为“化工原料及产品(除危险品)的研发和销售等”、注册成立时间、基本财务数据等,对标的公司具体是做什么的,主要销售什么产品,市场地位、行业发展情况、竞争优势等核心信息都未披露。由于标的公司是一家仅成立2年多的新公司,2019年、2020年1季度的净利润、经营性现金流量净额均为负,若不能了解标的公司的具体经营业务,广大股东如何能在股东大会上对收购议案进行审议时作出理性判断。投服中心发送股东函件建议强力新材补充披露标的公司主营产品、终端客户、产销指标、行业地位、竞争优势等有关盈利能力的核心信息,并建议补充说明标的公司大额应收关联方款项发生的交易背景,关联方尚未偿还其他应收款的原因,是否存在控股股东等关联方占用标的公司资金的可能等。强力新材以公告形式详细回复,并于2020年6月收回关联方归还的占用资金。

二、审计委员会及外部审计机构如何有效发挥内外部监督机制,提高上市公司信息披露透明度

上市公司未能在定期或临时报告中披露上市公司与供应商、客户等各利益相关方存在的潜在关联关系,不仅影响了公告披露的真实性,也严重影响了广大投资者的投资决策。大量上市公司财务造假的案例中,在案发前均已出现了财务上的异常情况,但均未能引起外部审计机构和内部审计委员会足够的警醒,对相关疑点进行重点核查。例如,龙力生物于2017年12月被爆出一笔2.2656亿元的债务违约,而当年半年报显示上市公司货币资金高达为9.52亿元;两康事件也在案发前就出现了“存贷双高”的现象等。上市公司审计委员会的主要职责包括审核公司财务信息及披露、督促评估上市公司内部控制、监督内部及外部审计工作等。审计委员会及外部审计机构,相较中小股东,掌握了上市公司大量的财务及内部重要信息,若不能对内外部审计环节把好关、及时发现上市公司隐藏的财务舞弊行为等,信息披露的质量将无法保障。因此,如何有效加强上市公司审计委员会及外部审计机构的监督职能值得大家进一步探讨。

以吉鑫科技(601218)的案例为例。吉鑫科技2019年度财务报告被会计师出具了保留意见,主要原因为审计机构无法确认子公司宏润发电向荣硕制品、卓驰科技采购风电设备组件相关交易的真实性。投服中心从公司招股书、历年公告中发现荣硕

制品(原名康鸿金属)2011 年至 2013 年持续为公司前五大其他应收款单位,2013 年公司对该单位的其他应收款计提坏账准备,计提比例为 49.74%,但上市公司仍于 2017 年、2018 年向两家公司大额采购土地、房产及设备。2020 年 5 月 19 日,投服中心发送股东函件,质询吉鑫科技在持续与两公司交易的背景下却计提其他应收账款坏账准备的合理性,以及是否对已计提坏账准备的其他应收款进行了有效追偿,从侧面问询吉鑫科技是否与两家公司存在未披露的关联关系。2020 年 6 月 12 日,上市公司在回复上交所 2019 年报问询函的公告中承认,两家公司的主要业务源于吉鑫科技,自 2012 年起其主要管理人员、财务、采购、人事等经营管理活动均由吉鑫科技控制,两家公司应认定为关联方。

三、在倡导上市公司积极践行 ESG 的背景下,如何提高特殊行业信息披露的有效性

依据沪深证券交易所上市公司定期报告披露业务指南的相关规定,目前仅纳入“深证 100 指数”以及沪市主板“上证公司治理板块”样本公司、境内外同时上市公司、金融类上市公司应当披露社会责任报告,其他上市公司均不强制要求披露社会责任报告。然而,一些特殊行业的上市公司,有着不同于一般生产企业的特点,肩负着比一般生产企业更加重大的社会责任,应当受到更严格的监督与管理。投服中心建议沪深证券交易所对涉及社会公共安全类的特殊行业上市公司强制要求其披露社会责任报告。

虽然目前有不少上市公司主动自愿披露了社会责任报告,但报告中披露的内容较为空洞,格式不统一,大多为重复的客套话、对上市公司的赞美之词,真正能提供给投资者有价值的信息并不多。投服中心建议沪深证券交易所参考联交所 ESG 指引,进一步统一、细化国内上市公司 ESG 报告内容及格式,特别是对特殊行业起重要监督职能的内部委员会的监督机制、当年的执行情况、完成了哪些监督工作等内容作为报告必须披露的内容。同时,建议沪深证券交易所发布的行业信息披露指引尽快对涉及社会公共安全类的特殊上市公司全部覆盖。

以长生退(002680)案为例。2018 年 10 月 16 日,长生生物科技股份有限公司(以下简称长生退)主要子公司长春长生因违法违规生产疫苗,被药品监督管理部门吊销药品生产许可证、罚没 91 亿元等,2019 年 11 月 27 日,长生退因重大违法被深交

所强制退市。原食药监总局曾于2017年10月在抽样检验中发现长春长生生产的1批次百白破疫苗效价不合格,2017年11月6日,长生退在披露子公司百白破疫苗相关情况时称,百白破疫苗效价不合格,但对人体安全没有影响,由于百白破联合疫苗在销售收入总额占比较小,对公司生产经营无重大影响。长生退在2017年年报中并未披露该问题,2017年内部控制自我评价报告也称上市公司内部控制不存在重大缺陷。依据长生退的招股说明书,上市公司已建立了覆盖原材料检验、生产过程控制、成品出厂质量和售后服务全过程系统化管理体系,公司也设置了质量委员会,但仍未在年报中真实、完整地披露百白破疫苗效价被监管部门认定不合格的情况。对此,研究分析可能原因包括以下几点:一是长生退上市时属于中小板上市公司,《深交所创业板行业信息披露指引第2号——上市公司从事药品、生物制品业务》并未直接对其适用;二是上市公司的质量委员会未充分发挥作用,同时上市公司也缺乏内部监督机构对质量委员会等职能机构的工作进行有效监督;三是上市公司未披露过ESG报告,由于公司的ESG报告不属于强制披露类别,若上市公司不在年报中作具体披露,投资者无法了解产品质量相关信息。

湖南证监局法制工作处处长王玮在第四届中小投资者服务论坛"规范公司治理促进投资者保护"专题论坛上的主题发言

王　玮*

大家好!非常荣幸有机会与大家交流信息披露监管的相关工作。一直以来,中国证监会高度重视信息披露工作,不断采取各类有效措施提升信息披露质量。作为中国证监会的派出机构,湖南证监局在一线监管工作中不断开展相关实践和探索。接下来我就和大家交流相关的情况。

一、提高认识,高度重视信息披露监管

资本市场中投资与融资的对接,其基础就是信息披露,融资方准确披露信息,投

* 湖南证监局法制工作处处长。

资方依据公开信息开展投资活动,因此规范和高质量的信息披露是资本市场的生命线。那么,什么样的信息披露才是高质量的呢?大家比较熟悉的是信息披露的“老三性”,即“真实、准确、完整”,这是我们强调的信息披露的一贯的要求。

在最近的注册制的改革过程中,我们对信息披露也有了更高的要求。在以信息披露为核心的监管理念下,我们对信息披露的质量提出了“新三性”,也就是“充分、一致和可理解”,这是对“老三性”的进一步升级和细化。这6个基本原则就是高质量信息披露的基本标准。中国证监会作为证券监管的法定部门,其监管目标之一就是通过监管不断提升信息披露的质量,落实信息披露的“新三性”和“老三性”。

信息披露监管是中国证监会的主责、主业,如何做好信息披露监管,我们理解应当将信息披露监管贯穿于工作的全过程,也就是贯穿事前、事中和事后的三个环节。在事前环节,企业上市之前需要进行辅导,派出机构需要在辅导过程中开展监管,引导上市公司系好信息披露的“第一粒扣子”。在事中环节,需要加强对上市公司信息披露主体的监管,提升信息披露的质量。在事后环节,需要对信息披露的违法违规行为实施及时的、精准的、有效的打击,让违法者付出代价。

二、积极探索,深入开展信息披露监管实践

对提升信息披露质量监管,我们在事前、事中和事后三个环节上进行了一系列的实践。

(一)事前环节强化辅导监管

具体来看,在事前的辅导环节,我们始终坚持严格把关,不走形式。辅导是企业上市前的第一步,这也是信息披露的第一步,从辅导开始就应当树立正确的信息披露观,这是一个在认识上需要解决的问题。同时,辅导期间中介机构要切实开展辅导工作,要给董监高和相关信息披露责任人上课,让相关人员明确信息披露的责任、义务以及资本市场的制度规则,这也是提升拟上市公司申报质量和后续信息披露质量的有效保障。

在注册制改革后,企业的上市门槛更低,速度更快,申报企业对信息披露重要性认识不到位的问题更加突出。我们发现一些新上市的公司还没有搞清楚什么是信息披露、如何作信息披露,这进一步凸显了辅导监管工作中加强信息披露监管的重要性。

在具体的工作中,首先是严格审查备案的材料,上市公司备案材料的内容一般都会作为日后信息披露的主要内容,这也是上市公司信息披露的预演,应当予以高度重视。其次是上好辅导监管的第一课,我们会主持辅导监管的见面会,对企业的董监高提出监管要求,明确信息披露的责任。再次是落实中介机构的责任,督促其切实开展辅导,为企业上好课、把好关。最后是把好辅导验收关,在辅导验收期间,通过组织考试的方式去检验相关人员对信息披露的认识水平和学习成果。

在这些工作中我们也会遇到一些负面案例,如备案环节。我们审查发现一些公司的备案材料质量不高,个别公司存在信息披露明显错误,一些公司对注册资本等基本信息披露错误,对股东信息、历史沿革披露得不完整不全面。对这种情况,我们会及时约谈企业和中介机构,督促他们进行整改。在考试环节,我们也发现个别高管考试不合格。我们认为这充分反映了相关人员对信息披露责任义务的不了解,对资本市场以及制度规则缺乏敬畏之心。对此我们严格督促相关机构和人员进行整改,要求相关中介机构重新进行辅导,整改完毕之后再进行补考。在辅导监管工作过程中,我们发现个别公司存在异常,如出现了逆行业周期的波动、频繁地变更高管、频繁地启动融资,这可能意味着这企业的财务信息披露存在巨大的风险隐患。对此我们会责令中介机构开展专项核查,说明相关情况,进一步强化风险揭示。对这样的项目,我们会把好辅导验收关口,防止“带病”上市。

(二)事中环节强化上市公司监管

信息披露是上市公司监管制度的核心,我们围绕核心开展一系列的监管工作。

第一个方面是聚焦上市公司主体责任。上市公司是信息披露的主体,必须要压实主体责任,在日常监管工作中,我们会对财务信息披露指标异常公司予以重点关注,结合媒体质疑、投诉举报和监管协作的信息进行综合研判,深入排查财务信息造假风险,建立可疑公司的名单,在此基础上开展问询、约谈和函询等相关工作,有针对性开展现场检查,对情况说明不清楚,问题核查不清楚的公司,以现场检查的方式进一步核实风险,督促进行真实完整准确的信息披露。最后对发现涉嫌违法的行为,我们会及时移送后端进行执法。

第二个方面是聚焦中介机构的监督责任。财务信息是信息披露的主要内容,作为资本市场的“看门人”,会计师事务所在财务性披露中有着重要的监督责任,我们也将其履职尽责作为监管的主要抓手。首先是强化重点审计项目的监管,我们每年筛选一定数量的上市公司作为年报审计的重点监管项目,逐一约谈,从严审核。其次是强化重点领域和重点事项的审计监管。近几年我们对关注较多的商誉减值、内控等开展了专项重点监管。最后是强化审计机构的职业监管,每年通过召开年报监管工作会议,约谈审计师,开展双随机现场检查,层层传导监管压力,督促归位尽责,提升信息披露,特别是财务信息披露的质量。

第三个方面是聚焦信息披露的关键少数,也就是企业董监高。对这一类的人员,我们首先是做好风险预防,分类分层地开展培训,把关键少数作为主要的培训对象,结合辖区的典型案例加以警示,实现查处一起、警示一批、教育一片、规范一方。其次是紧盯关键的环节,提升检查针对性。开展内控专项行动,要求公司对关键岗位、关键人员、关键流程开展自查。最后是加大处罚力度,强化内外部追责,对监管中发现的问题及时追究相关责任,并要求公司内部进行追责。

第四个方面是聚焦风险公司的重要事项。高风险公司一直是信息披露监管的重点,比如,我们开展了三高并购的专项监管行动,对一些高估值、高溢价、高商誉的重点公司,在年报的节点上,对标的业绩精准达标、承诺超期未履行的情况实施精准监管,强化商誉减值、业绩完成度的信息披露,对超期未履行业绩承诺的采取监管措施,切实将财务信息披露的风险化解在前面。再如,我们加强了对资金占用、违规担保行为的重点监管,对存在资金占用、违规担保的公司开展立案稽查,并督促其整改。我们还加强对海外业务的监管,近年来设立海外子公司、收购境外公司、开展海外业务的情况比较多,海外造假的苗头也开始出现,湖南辖区也存在类似的情况,对此我们建立了预警机制,组织专人对海外业务营业收入占比高的公司进行专项审核,排查并且揭示风险。

这里也给大家介绍两个具体案例,第一个案例是金贵银业,我们在年报分析中发现了疑点,公司在大规模举债、流动性紧张的背景下,预付账款却大幅度增加,不符合商业逻辑。另外,还存在表外融资、存货占比高的一些异常点,对此我们先后约谈上市公司实际控制人和中介机构,在监管压力之下,公司主动披露了违规占用资金的事实,同时也主动披露了其业绩亏损的风险。

第二个案例是天润数娱,我们在日常监管中发现其应收账款异常,通过主动检索网络信息,还发现公司存在未披露的诉讼,我们马上约谈了公司的高管,要求进行全面核查,并且限期进行公开披露。在限定时间内,公司主动披露了为控股股东和关联公司的债务提供担保的情况,以及募集资金被冻结扣划的事实,随后我们对公司开展了专项检查以及立案调查。

(三)事后环节强化监管执法

在事后环节,就是要严厉地、及时地、精准地打击违法行为。我们一直强调严厉打击和及时打击,这里就跟大家再多介绍一下关于精准打击的问题。

对信息披露违法开展精准打击具有极强的现实意义和社会意义。从公司发展的角度来看,如果对大股东、实际控制人与上市公司的违法行为不加区分,由上市公司作为责任主体来承担责任,可能导致大股东和实际控制人更加有恃无恐,严重干扰上市公司的正常经营,破坏公司的治理结构,也不利于提升上市公司的质量。从投资者保护的角度来看,如果因为大股东、实际控制人的违规行为而让全体投资者和股东来买单,也可能造成公司的股价下跌,投资者信心受创,这不利于保护投资者和上市公司的整体利益。

如何区分大股东、实际控制人与上市公司的责任,是我们在监管执法中的一个难题,我们对此也有一些思考。

首先,从行为主体来看,要确认违法行为是否属于职务行为。法定代表人和董监高的职务行为或者职务代理一般可以代表上市公司意志,但如果存在无权代理,那么这些行为当然只能代表个人意志,应该由个人以及背后授权的大股东、实际控制人承担责任。

其次,在信披程序上,要看意思表示是否真实。通过调查上市公司的信披决策程序以及程序的正当性,判断是否上市公司是否具备真实意思表示,这也是区分大股东、实际控制人与上市公司行为的一个重要的标准。

最后,从损害责任的角度看,要判断权责利是否对等。在信息披露违法违规案件中,大股东有可能将上市公司的利益转移到自己的手中,但中小投资者却要按股权比例去承担亏损,在责任自负的原则要求下,需要通过鉴别责任损失来区分信息披露责任主体的义务,需要通过辨别责任来区分信息披露的责任主体,找准责任主体,在权责利对等的情况下进行行政民事和刑事的责任的区分。

我们在具体工作中也进行了一些探索,比如,在千山药机处罚的案例中,2020年7月中国证监会已经对公司和相关的责任人作出了处罚,但是对不知情、未参与违法行为的独立董事没有进行处罚,这也是探索责任主体区分,实施精准打击的一个实际的案例。

三、深入思考，不断完善信息披露监管

提升信息披露质量是一个系统性的工程，需要多点发力，多措并举，对此我们也有两点的思考和建议。

第一，提高上市公司的信息披露质量，除在监管端发力外，还要抓好投资者教育，从信息的需求端去提升信息披露的质量。投资者是信息披露的使用者、利益相关者，需要以多种方式让投资者知悉自身的权利，指导投资者看信披、懂信披、分析信披。通过畅通投资者与信息披露主体的沟通渠道和投资者的诉求反映渠道，对信息披露质量提出更高要求，从而提升信息披露的质量。湖南证监局在这些方面也做了一系列的探索，如设置差异化有特色的投资教育基地。以投资者教育基地为依托，组织行业协会、市场机构、地方政府开展形式多样的、内容丰富的、贴近市场需求的投资者宣传教育活动，发挥长沙作为媒体艺术之都的媒体优势，扩大投资者教育活动的覆盖面。另外，我们还畅通投诉处理渠道，积极探索纠纷多元化解的机制。

第二，提升信息披露质量，需要构筑工作的合力，营造提升信息披露质量的良性的市场生态。包括进一步完善法律法规和制度规则，规范信息披露的行为，提升上市公司的治理水平，对信息披露的质量进行源头的治理，完善外部约束和市场约束，充分发挥创投机构、公募基金、社保资金这些专业投资者，以及券商、审计、评估、律所等中介机构的作用。同时，加强与其他执法部门的协作，通过行政、民事、刑事等多领域的协调，构筑打击合力。

以上就是我们关于提升信息披露质量的一些思考和实践，不当之处也请大家批评指正，谢谢！

议题2:增强公司控股股东与实际控制人的敬畏之心

中证中小投资者服务中心行权事务部资深经理周艳在第四届中小投资者服务论坛“规范公司治理促进投资者保护”专题论坛上的行权案例介绍

周 艳*

近年来,上市公司控股股东或实际控制人违法占用上市公司资金屡禁不止,成为上市公司治理顽疾,给上市公司和广大投资者的合法权益造成了极大损害。围绕如何破局,监管部门付出了巨大的努力,但蓄意违法者依然我行我素。一方面,这与上市公司的治理独立性不够、治理失败、内控缺失相关;另一方面,则是法律责任追责不力,导致相关超级权限人员心中毫无敬畏,罔顾法律,随意突破公司制定的各项内部控制制度,通过各种手段,挪用侵占上市公司资金,最高可达几十亿元,“掏瘦”拖垮上市公司,甚至导致公司退市。

如千山退(原名千山药机,300216. SZ)曾经是A股医疗器械第一股。然而自2018年起,千山药机陷入经营亏损、债务违约、违规担保、资金占用、虚假陈述等一系列问题,终因2017~2019年连续3年被出具无法表示意见的审计报告等原因,于2020年7月14日被深交所决定终止上市。盛运退(原名盛运环保,300090. SZ)原是环保行业的龙头企业,受实际控制人及其关联方资金占用、违规担保等违法违规事件影响,陷入财务困境,债务逾期不能清偿,生产经营受到严重影响,最终导致终止上市。

长期以来,中国证监会、证券交易所三令五申禁止资金占用,也将其列为监管重点,上市公司也建立了完备的防范资金占用的内部控制制度。但控股股东、实际控制

---

* 中证中小投资者服务中心行权事务部资深经理。

人资金占用的情况仍然时有发生,占用手段花样翻新且越来越隐蔽。究其原因,无外乎以下两方面。

一、控股股东、实际控制人在公司治理中成为超级权限人

为防止控股股东、实际控制人资金占用,中国证监会相继出台了《关于规范上市公司与关联方资金往来及上市公司对外担保若干问题的通知》等多个规范性文件,沪深交易所也制定了相关指引,并要求上市公司建立印章使用管理、担保管理、资金借贷管理等内部控制制度。上市公司也纷纷按照监管要求建立了防范控股股东、实际控制人资金占用的管理制度,程序性的防范措施和追责规定都非常完备,但从实际执行结果来看,这些制度和规定都是约束会计、出纳等具体经办人员的,当控股股东、实际控制人挪用上市公司资金时,这些制度都形同虚设,只要控股股东、实际控制人发出指令,在资金审批、支付的各个环节都可以一路绿灯放行,控股股东、实际控制人在公司治理中成为超级权限人。例如,2020 年投服中心在上市公司华鼎锦纶作专项调研时了解到,公司是由实际控制人一手培育起来的,因此实际控制人权力很大,决定高管的人选和待遇。当实际控制人指示财务会计和出纳违规支付资金时,相关高管和经办人员不得不配合。又如,*ST 银河在回复投服中心股东质询函时称:公司已根据监管要求建立了资金管理方面的多项制度,在正常情况下均能做到遵照执行。出现资金占用主要是由控股股东在公司权力过大且法律意识淡漠所致:控股股东持股比例超过 45%,对公司重要决策及重要人员的任命有着决定性影响力。当控股股东出现资金短缺时,无视相关人员的法律风险提示,凭借其优势地位向上市公司提出短期资金拆借的要求,相关资金管理人员在被动配合、受指使、被安排下向控股股东及其关联方互转资金、代位偿还、提供借款供其使用,逐渐形成控股股东对上市公司的大额资金占用。

二、法律追责不到位使超级权限人心中毫无敬畏

控股股东、实际控制人之所以敢无视法律规则、凌驾于内部控制制度之上,是因为违法违规成本太低。相对挪用资金的巨大收益,行政处罚、记入证券期货诚信档案等追责措施对控股股东、实际控制人毫无压力。截至目前,尚未查到一起在上市公司正常存续期间单独因挪用上市公司资金而对现任控股股东、实际控制人追究刑事责

任的判例,这也使有的控股股东、实际控制人对法治、对市场缺乏敬畏,为所欲为。

依据《刑法》《刑事案件立案追诉标准(二)》等相关规定,公司、企业或者其他单位的工作人员,利用职务上的便利,挪用本单位资金数额在1万~3万元以上超过3个月未还,或者挪用本单位资金1万~3万元以上进行营利活动的,就达到了挪用资金罪的刑事立案标准。经检索公开判决书,有非上市公司的实际控制人以"借款""预付款""工程款"等名义挪用资金,被法院判处挪用资金罪的判例。这些"虚构项目以预付款方式转出""以公司名义对外借款"等挪用手段与部分上市公司实际控制人占用手段如出一辙,但是在上市公司中很多类似的作案手段、更加恶劣的情节、更大金额的案例却未被追究刑事责任。

2020年11月,中国证监会印发《关于进一步做好上市公司资金占用和违规担保监管工作的通知》(证监发〔2020〕101号),要求对已形成的资金占用和违规担保问题,责任方应在2020年报披露前清偿化解;对限期未整改或者新发生的资金占用、违规担保等行为将严厉查处,涉嫌犯罪的依法追究刑事责任。近期,投服中心梳理了上市公司披露的2020年年报,发现有198家上市公司存在资金占用、违规担保的情况。截至2021年4月30日,尚有30家上市公司尚未归还占用资金涉及金额331.15亿元,尚未解除违规担保涉及金额128.93亿元。经查阅公司公告,这些公司的实际控制人、控股股东等资金占用相关责任人尚未被追究刑事责任。

北京大成律师事务所高级合伙人张刚在第四届中小投资者服务论坛"规范公司治理促进投资者保护"专题论坛上的主题发言

增强控股股东与实际控制人的敬畏之心 整治上市公司资金占用和违规担保行为

张 刚*

大家好!关于上市公司资金占用及违规担保的问题,一直是监管关注的重点,下面我向大家简单介绍个人对此的看法。

---

* 北京大成律师事务所高级合伙人。

顾名思义,对上市公司资金占用及违规担保,包括“资金占用”和“违规担保”两项违规行为,当然,两项违规行为往往会同时发生。

其中,资金占用,是指控股股东或实际控制人,利用对上市公司的控制地位,通过银行资金划转、虚构交易、“第三方”中转等手段,从而实现对上市公司资金的占用;而违规担保,则一般是指未经审批程序、超过审批权限,以及法律规定不得提供担保,却为控股股东或实际控制人提供担保的行为。

给大家举两个例子:

一是“康得新”案件,康得新控股股东与银行签订《现金管理业务合作协议》,通过账户资金归结的方式,归集和占用上市公司资金,挪用了近百亿元资金,导致上市公司因资金不足无法偿还债务,也致使其发行的 17 只债券发生了违约。

二是“盛运环保”案件,控股股东、实际控制人等人员多次要求上市公司违规担保,违规担保金额 24 亿余元,而公司董监高及高管人员,却从未在违规担保事项中表达反对意见,从而导致上市公司因担保而被大量起诉,涉案金额高达 18 亿余元,最终陷入债务危机。

对此,监管机构也是“重拳出击”,高压监管,并颁布了一系列的监管法规,我给大家列举如下。

最早从 2003 年开始,中国证监会就和国资委联合发布了《关于规范上市公司与关联方资金往来及上市公司对外担保若干问题的通知》,明确要求规范上市公司与控股股东及其他关联方的资金往来,控制上市公司对外担保风险。

2005 年,中国证监会又出台了《关于规范上市公司对外担保行为的通知》,再次要求对上市公司的资金占用与担保问题进行规范。而正是这一法规,推动出台了《刑法修正案(六)》,增加了“背信损害上市公司利益罪”。

2018 年,中国证监会修订《上市公司治理准则》,要求上市公司按照有关法律、法规的要求建立健全财务、会计管理制度,独立核算。控股股东、实际控制人及其关联方应尊重公司财务的独立性,不得干预公司的财务、会计活动。

2020 年,国务院发布了《关于进一步提高上市公司质量的意见》,要求按照“依法监管、分类处置”的原则,严肃处置资金占用、违规担保问题。

那么,在监管机构如此的高压监管下,为什么“资金占用和违规担保”依旧屡禁不止?个人认为,究其根本,可能是由于以下原因。

一方面,目前对“控股股东、实际控制人”缺乏有效的制约。我们都知道,“控股股东、实际控制人”股权结构集中,正是这一天然优势,容易实现对上市公司的操控。而且,上市公司主要高管和重要岗位人员一般都是由控股股东或实际控制人“培育”,其可以决定高管的人选和待遇。因此,当控股股东或实际控制人指示财务会计等人员违规支付资金和出具担保文件时,相关人员不得不配合。此外,部分公司本身在内部控制制度层面就存在问题,增加了违规行为的发生率。

另一方面,“控股股东、实际控制人”的违法成本过低,目前对于控股股东或实际控制人“占有资金和违规担保”的惩罚,无外乎两种:一是整改;二是自律处分或行政处罚。相对违规的“巨大收益”,现有惩罚措施并不足以对控股股东和实际控制人形成有效的震慑。

那么,应该怎么整治“上市公司资金占用及违规担保”现象呢?个人提出以下几点建议,供大家探讨:

第一,完善上市公司内部治理制度。首先,在董事会和独立董事制度方面,应引导公司完善、落实董事会和独立董事制度,确保独立董事对公司的重大事项的知情权和参与度,保障其能够独立地行使决策权。此外,尽量减少董事会和管理层人员之间交叉任职的现象,监事会则由各利益方推荐人员及内部审计、财务等专业人员组成,提高外部监事比例。

第二,加强上市公司财务风险控制。近年来大股东、关联方非法占用公司资金、违规担保案例的发生,多与公司内部财务制度不严甚至形同虚设有重大关系,应监督上市公司加强制定并有效落实内部风险控制制度,对财务风险控制效果进行不定期检查。

第三,也是个人认为最重要的一点,追究违法主体的刑事责任。刑法中与控股股东、实际控制人“资金占用、违规担保”相关的刑事罪名有:“背信损害上市公司利益罪”、“挪用资金罪”和“职务侵占罪”等,虽有明文规定,但在实践中,却鲜有因“资金占用、违规担保”而被追加刑事责任的案例。

个人认为,对整治上市公司关联方违规资金占用与违规担保的问题,仅依靠整改和监管规则的规制,可能无法起到足够的震慑力,应当将此类违规行为上升到刑事责任的高度,对“资金占用、违规担保”等损害上市公司和中小投资者利益的行为,如果符合追诉立案标准,相关部门有必要以刑事犯罪立案调查,符合《刑法》中相关罪名构成要件的,由司法机关依法予以刑事处罚。如此,才能实现对责任人员的震慑和惩治,有效整治资金占用、违规担保顽疾。

谢谢!

议题3:强化董事履职尽责

中证中小投资者服务中心行权事务部高级经理王丹阳在第四届中小投资者服务论坛“规范公司治理促进投资者保护”专题论坛上的行权案例介绍

王丹阳*

现行法律法规及相关自律规则、履职指引等关于董事义务和责任的规定均相对原则化,实践操作性不强。投服中心在行权中发现,目前在审议收购相关事项时,大部分董事包含独立董事都未能充分了解收购标的的行业、持续盈利能力、未来发展情况等信息,未充分论证变更业绩承诺的合理性,仅依据审计机构、评估机构的报告即发表意见,模板化和程式化严重,履行职责不够主动。

一、恶意变更业绩承诺但董事会未充分论证其合理性

收购完成后,在标的公司未实现业绩承诺而承诺方又因主客观原因无法进行补偿时,部分上市公司选择变更业绩承诺。而绝大多数董事并未充分论证更改业绩承诺是否会损害上市公司利益。

案例—商赢环球(600146)更改环球星光业绩承诺。2016年9月,商赢环球非公开发行股票募集资金用于收购环球星光95%的股权,作价约18.8亿元。商赢环球的实际控制人杨某和环球星光实际控制人罗某某共同承诺环球星光2017~2019年的扣非净利润分别不低于6220万美元、8460万美元、11,870万美元,复合增长率达到

* 中证中小投资者服务中心行权事务部高级经理。

38.14%。收购款分两次支付,收购协议签订后支付了第一笔收购款 14.1 亿元,第二笔转让款 4.7 亿元根据业绩完成情况支付。

收购完成后,环球星光 2017 ~ 2018 年均没有完成业绩承诺,扣非净利润为人民币 1.39 亿元和 -9.8 亿元,承诺完成率仅为 -77.34%,按照原业绩承诺应补偿现金 17.64 亿元。上市公司于 2018 年 2 月 13 日签署的《资产收购协议之补充协议》和 2018 年 8 月 20 日签署的《资产收购协议之第三次补充协议》中约定,上市公司无须支付第二期收购对价人民币共计 4.7 亿元,视为环球星光业绩承诺未完成数额的现金补偿。

因预感 2019 年也无法实现盈利,公司与罗某某、杨某三方又于 2019 年 11 月签署了补充协议,约定由现金补偿变更为非现金资产和现金补偿相结合的方式,并调整补偿金的计算方法,调整后补偿金额的计算公式为:投入的资金(18.8 亿元 +2 亿元增资款) - 环球星光 2019 年 9 月 30 日经审计的净资产金额 - 已补偿的 4.7 亿元。由于签订协议时环球星光 2019 年 9 月 30 日的审计评估工作尚未完成,具体补偿金额无法计算,但预计环球星光的净资产为负值,补偿的金额将超过 20 亿元。本次杨某提出的补偿方案是用其本人实际拥有上海市奉贤区的两处房地产(存在抵押和查封情况)用于业绩补偿,评估价值约 78,020 万元。罗某某提出的补偿方案是将共青城大禾公司 100% 的股权评估作价 2.23 亿元再加上现金用于补偿。

投服中心分析发现,杨某的房产处于抵押查封状态,能否履约存在重大的不确定性。共青城大禾是一家有限合伙企业,也是一个项目公司,评估基准日的净资产仅为 997 万元,评估价为 2.23 亿元,评估增值率达 2137%。根据上市公司公告披露,该项目公司唯一的度假区项目(泰禾·嘉年华旅游度假区项目)的规划尚在报建中,待开发所有支出为 35.35 亿元,建成之后预计年营业收入 7.43 亿元,年净收益 4.56 亿元,收回成本需要 7.75 年,短期无法实现盈利。同时,截至 2019 年三季度,上市公司货币资金仅为 3679.01 万元,流动负债率为 94%,难以满足泰禾·嘉年华旅游度假区项目的待开发所有支出。但商赢环球董事会在审议该事项时,除 4 位关联董事回避表决外,其余 4 位董事一致同意该收购事项,独立董事发表意见认为该事项有利于保护公司以及公司全体股东的长远利益,不存在损害公司、股东特别是中小股东利益的情形。商赢环球董事并未充分考虑上述调整业绩承诺补偿金额及方式增加了业绩承诺补偿的不确定性,以及进行业绩承诺补偿的资产是否具有较好的流动性及对公司利益的损害。

根据后续跟踪情况看,2020 年 10 月 30 日,商赢环球公告环球星光截至 2019 年 10 月 1 日审计后的净资产为 -2.37 亿元,根据上述补充协议,应补偿金额共计 23.15 亿元。但杨某拟用于业绩承诺补偿的房产(评估价值约 78,020 万元)仍处于抵押和查封状态,无法进行补偿,杨某未进行任何补偿。刘某某、李某将其合计持有的共青城大禾 100% 的股权无偿转让给上市公司(已经完成过户),作为罗某斌履行了 2.23 亿元的业绩补偿义务。但因为罗某某未向刘某某、李某支付共青城大禾 100% 股权的购买款,刘某某、李某向南昌仲裁委员会提出仲裁,2021 年 3 月,裁决上市公司将共青城大禾 100% 股权进行退回。2021 年 3 月 29 日,罗某某补充承诺将向公司补入同等金额的现金或资产进行置换,但截至 2021 年 6 月 22 日仍未补偿。

二、董事会未充分论证收购前标的公司业绩激增的原因以及这种非常规激增对本次收购的影响

在部分收购事项中,标的公司在收购前业绩突增,导致上市公司董事对标的公司的盈利能力判断过于乐观,基于此预测标的公司未来具有较高的营业收入、净利润增长率,进而导致了收益法下较高的估值。但此时,上市公司董事并未充分关注并说明标的公司业绩突增的原因,以及这种增长是否可以持续,此种情况的业绩承诺可能不具有实现性。

案例—康芝药业(300086)收购中山爱护。2018 年 7 月 25 日,康芝药业公告董事会审议通过了关联交易议案,拟以 35,000 万元现金收购控股股东宏氏投资持有的中山爱护 100% 的股权。中山爱护主营业务是婴童洗护用品,旗下拥有"爱护""幼妙"两大品牌,2015～2017 年、2018 年 1～3 月净利润分别为 -29.12 万元、-2118.44 万元、534.08 万元、531.83 万元,2017 年扭亏为盈,2018 年第一季度净利润大幅增长。收购时,以 2018 年 3 月 31 日为评估基准日,中山爱护股东全部权益账面价值为 3811.43 万元,评估值 35,022.00 万元,增值率 818.87%。宏氏投资承诺,中山爱护 2018～2020 年 3 年累计净利润之和不低于 8308.79 万元,2021 年、2022 年净利润分别不低于 4170.38 万元、4736.43 万元,业绩承诺值远高于当时的实际业绩。

康芝药业董事会在审议该事项时,除 4 位关联董事回避表决外,其余 3 位董事一致同意该收购事项,独立董事发表意见认为该收购有利于进一步拓展市场占有率,有利于提高公司盈利能力,符合公司战略发展及长远利益。均未对中山爱护收购前业

绩激增、高估值的合理性以及高业绩承诺的可实现性进行充分论证及说明。投服中心于2018年8月13日参加了康芝药业审议该收购事项的股东大会,质疑中山爱护在被收购前调整了利润并推高了业绩预测,最终导致标的资产估值过高,同时质疑了业绩承诺的可实现性,康芝药业也未予以充分的回复。该收购事项以99.3892%同意表决通过。因该交易无须经证券监管部门批准,股东大会审议通过后,2018年8月29日中山爱护已完成股东变更等工商变更登记,成为康芝药业的全资子公司。

事实上,后续跟踪情况初步印证了投服中心的判断是正确的。中山爱护2018~2020年3年累计实现净利润为-1421.09万元,较业绩承诺数8308.79万元少9729.88万元,低于承诺净利润的50%,根据原业绩承诺与补偿安排,宏氏投资需回购康芝药业持有的中山爱护100%的股权,并按年化12%的利率支付利息。但2021年6月初,康芝药业公告,经与宏氏投资协商,将业绩承诺方案调整为中山爱护在2018年、2019年及2021~2023年共5个会计年度累计实现的净利润总和不低于17,215.6万元,宏氏投资暂不回购中山爱护100%的股权。

三、董事会未充分关注预测业绩的线性高速增长是否符合行业的发展状况及自身的经营逻辑

在投服中心行权的大多数收购事项中,很多标的公司预测的经营业绩都是线性高速增长,与行业发展状况不匹配,也背离自身过去正常的增长逻辑。但这些收购议案在董事会审核时都是全票通过,独立董事意见也无论述过程,模板化严重。

案例—嘉麟杰(002486)收购北极光电,未考虑行业周期性影响。2019年9月,嘉麟杰拟以发行股份方式收购北极光电100%的股权,总对价2.6亿元,估值增值率401.47%。北极光电是一家生产与销售光学滤波片、光通信器件及光模块的高新技术企业,2017年、2018年及2019年1~6月净利润分别为1596.23万元、349.07万元及298.90万元,2018年净利润出现大幅下滑,同比下降78.13%。但业绩承诺方承诺北极光电2019~2021年的净利润分别不低于1000万元、1500万元和2000万元,承诺期内净利润年复合增长率高达41.40%。

投服中心在分析中发现,2019年1季度起光模块行业正处于行业下行周期,该行业下游终端全球15家主要云服务商对光模块设备和器件的花费出现明显下滑,且2019年全球光收发器市场也处于缓慢增长态势。光通信行业内主营滤波器业务的龙头

企业三安光电、麦捷科技2019年1季度扣非后归母净利润分别下降55.94%、144.07%，主营光学滤波片业务的龙头企业水晶光电2018年及2019年1季度扣非后归母净利润分别下降8.43%及9.98%，可比公司的年报中也披露了行业内企业面临增速放缓风险。此外，北极光电的主要客户富士康、菲尼萨（Finisar）、光迅科技2018年报或2019年1季报显示的归母净利润均处于下降态势。然而，嘉麟杰董事会在审议该事项时，8位董事一致同意该收购事项，独立董事在事前认可意见中认为“本次交易将有助于公司进一步提高资产质量和规模，拓展公司业务范围，有利于增强公司的盈利能力和可持续发展能力，有利于公司的长远发展，符合公司和全体股东的利益”。均未对行业下行周期情况下，北极光电业绩承诺偏离自己历史业绩趋势、行业周期、行业整体发展态势的原因进行充分论证及说明。

投服中心向嘉麟杰发送了股东函件，质询北极光电、主要客户及同行业可比公司均出现业绩下滑，北极光电能否实现高承诺业绩以及北极光电估值高于同行业可比公司是否合理，并建议嘉麟杰对此以公告形式充分说明。但嘉麟杰未予回复，也未予采纳。2019年11月，中国证监会未核准本次重组，理由是“嘉麟杰未充分说明标的资产承诺业绩的可实现性及未来盈利能力的稳定性”，与投服中心的判断相符。

清华大学法学院教授、清华大学商法研究中心主任汤欣在第四届中小投资者服务论坛“规范公司治理促进投资者保护”专题论坛上的主题发言

上市公司董事的履职尽责和相关责任

汤　欣*

我是来自清华大学商法研究中心的汤欣，很高兴受邀参加第四届中小投资者服务论坛，我今天分享的主题是上市公司董事的履职尽责和相关责任。那么在有限的时间里，我要讲四个方面的问题：一是针对实践提出的问题。二是公司法破产法方向的相关规定和具体实践当中的执行情况。三是证券法方向的规定与执行。四是针对上市公司董事的履职尽责、法律的适用所提出来的结论和政策建议。

---

* 清华大学法学院教授、清华大学商法研究中心主任。

实际上在国家设立的投资者保护机构,尤其是中证中小投资者服务中心,在持股行权的过程当中发现,目前有一些上市公司在审议对外收购的相关事项的时候,部分董事未能充分地了解收购标的所在的行业、收购标的的持续盈利能力、未来发展情况等的信息,未经充分的论证,就匆忙地决定实施并购、同意标的资产变更业绩承诺,对合理性的问题比较漠视。很多时候仅依据审计机构和评估机构的报告,就匆忙地发表意见,而且发表意见的模板化和程式化现象严重。在有些案例中,由于匆忙的决策,可能会导致公司遭受重大的损失。

类似这样的案例,见诸报端的有很多。那么仔细来看,国内目前现行的法律法规及相关的自律性规则、履职指引当中关于董事义务和责任的规定,相对都较原则化,实践中的可操作性不强,如何来依法依规督促董事做到勤勉尽责,如何在违法违规的现象实际发生了以后,追究相关主体的责任,需要进行充分的研究和探讨。

实际上看一下我国公司法上股份公司董事及高级管理人员的义务制度。通说认为董事的义务包括忠实义务和谨慎义务,法律上的规定也采取这样的两分法,其中法律规定对忠实义务的规定相对比较具体和详细,对谨慎义务,也就是履职尽责的规定则是一笔带过。所以首先我们要检讨有关董事高管谨慎义务的现行的法源,也就是法律渊源,尤其是公司法、破产法和相关公司治理规则的规定,以及证券法和交易所的自律性规章的规定,从中来找出现有规定的现状和针对我们提出的问题的可能解决方法。

我们先来看公司法和破产法的规定。公司法在法律及司法解释中能够看到对董事的勤勉尽责,也就是谨慎义务的一般性规定。比如,《公司法》第 147 条第 1 款规定,"董事、监事、高级管理人员应当遵守法律、行政法规和公司章程,对公司负有忠实义务和勤勉义务"。《证券法》新修完毕,在第 142 条当中则对专门的公司种类,证券公司董事的勤勉责任另有规定。

在基本的义务方面,《公司法》第 112 条第 1 款、第 2 款,对董事出席董事会会议进行了规定;《公司法》第 150 条,对董事接受股东质询和向监事会如实报告义务进行了业务管理方面的规定。在监督股东出资方面,《最高人民法院关于适用〈中华人民共和国公司法〉若干问题的规定(三)》(以下简称《公司法司法解释三》在第 13 条第 4 款中,就公司增资的时候监督股东出资,规定了董事和高管的义务。

在与保存股东可查阅文件相关的义务方面,《最高人民法院关于适用〈中华人民共和国公司法〉若干问题的规定(四)》(以下简称《公司法司法解释四》)在第 12 条中有所规定。在与公司清算相关的义务中,《最高人民法院关于适用〈中华人民共和国公司法〉若干问题的规定(二)》在第 18 条第 1 款和第 2 款中进行了规定。这些规定应该说是相当基本、相当简单和片段式的规定。

我们主要来看一下公司法下的赔偿责任及其实现机制。如果说未能尽到勤勉尽责,那么按照《公司法》第 149 条的规定,“董事、监事、高级管理人员执行公司职务时违反法律、行政法规或公司章程的规定,给公司造成损失的,应当承担赔偿责任”。在其中可推演出公司的直接起诉的诉权。在《公司法》第 112 条第 3 款中规定,“董事应当对董事会的决议承担责任。董事会的决议违反法律、行政法规或者公司章程、股东大会决议,致使公司遭受严重损失的,参与决议的董事对公司负赔偿责任。但经证明在表决时曾表明异议并记载于会议记录的,该董事可以免除责任”。其中,规定了董事执行职务时参与董事会的决策,如果决策造成了所谓公司严重损失时,原则上应该承担责任,除非在表决时表明异议并给予记载,才可以免除责任。

那么很重要的是《公司法》在 2006 年进行修改的时候,增补了现行《公司法》第 151 条关于股东代表诉讼的规定,考虑如果公司被实际控制人、控制股东或者公司内部的董事和高管控制,不能代表公司提起诉讼时,符合条件的公司股东可以代位公司提起诉讼。当时,我们认为这是很重要的保护股东权利、对公司违法行为负有责任的董事、高管及其他人进行追责的一个重要的机制。

除《公司法》的规定外,其实 2019 年《证券法》在第 47 条第 1 款和第 2 款,就短线交易事项规定了另一个法定的股东代表诉讼规定。再看《公司法》第 152 条,在股东直接诉讼的规定当中,如果说某一些行为侵犯了股东的利益,那么股东可以直接向法院提出诉讼。在法律的规定之外,《公司法司法解释四》第 23 条到第 26 条及《九民纪要》第 24 条到第 27 条等条款,对股东的代表诉讼也有一些补充的规定,以上就是纸面上的法律。

再来看法律的实践,也就是司法的案例。基于公开的案例数据库进行查询,目前绝大多数涉及董事等的忠实或勤勉义务的公司诉讼和股东直接诉讼,都发生在股份不公开转让公司当中。而且从类别上来看,主要针对忠实义务。几乎所有的股东代表诉讼案例都发生在有限责任公司当中,同时案例当中针对董事和高管忠实义务的案例较多,针对其注意也即勤勉义务的则较少。在上市公司里面相应的案例几近为零,考察其中的原因,大概有几方面的原因:第一,大多数上市公司存在由实际控制人或控制股东控制,或者是由董事高管内部人控制的问题。所以公司以其自身的名义自行提起对相关人或者机构的起诉的可能性不大。第二,法律对代表诉讼的资格规定比较高,成本方面也形成了沉重的负担。第三,我们目前的机构投资者缺乏参与公司治理的热情,这也是长久以来在实证当中已经得到证实的。第四,原告股东及其律师的激励有限。因为成本高,风险大,但是起诉以后即便获得胜诉判决,相关的利益也要归属于公司所有股东所有,形成了上市公司的代表诉讼变成类似证券市场上公共产品的现象。第五,地方法院有时对针对公司或者公司内部的代表诉讼等,也持相当谨慎的态度。当然值得一提,上述的一些阻碍性的因素,因为 A 股市场近期的发展,导致股权的分散程度提高,同时机构投资者的积极性逐步得到改善,法律也在修改进步。比如 2019 年《证券法》第 94 条第 3 款对国家设立的投资者保护机构,在代表诉讼方面的赋权。《公司法司法解释四》第 26 条对代表诉讼费用支付的规定等。尤其是投资者保护机构设立以来,中证中小投资者服务中心日趋活跃,未来的一些阻碍诉讼的因素可能开始消解,司法实践的进一步发展有待进一步观察。

综上,在公司法方面我来作一个研究的小结。第一,中国公司法上本来没有将信托义务原理作为起诉董事、高管的法源依据。第二,法律条文没有对勤勉尽责义务进行定义,而且立法、学说和判决对英美法系的谨慎义务,也就是"duty of care"的完整含义,未见得特别熟悉。第三,现行法律所规定的勤勉义务,事实上类似对具体规定的合规义务。从法律文本和司法裁决的角度进行研究来看,董事的勤勉义务主要表现为遵守法律、行政法规或公司章程的规定,而不是在商业的判断当中作出最符合公司利益的、正确的和有远见的商业决定。第四,法律规定未能界定合规义务的边界,但是纸面上的责任范围在一些法院的个别案例中解释得相当严格。第五,有一些学者主张在中国公司法上引入国外立法中的商业判断规则,但是由于下述的一些原因,实际上我国目前还没有必要立即引入该种规则:(1)目前针对公司董事,尤其是股份公司董事勤勉尽责的规定的司法案例比较少,而且基本上主要针对的是合规义务的违反。(2)即便没有商业判断规则,董事在商业决策方面尚不存在非常严苛的法律责任的风险。(3)法院已经形成了一些在最高人民法院的指导性案例中所反映出的司法规律。如果未来法院能够继续尊重公司内部的自治,避免对大多数的公司决策,特别是对那些外部性有限的公司决策进行事后的实质性判断,其实在很大程度上也可以替代立法规则对董事决策的保护作用。这是公司法的内容。

下面我们来看一下《企业破产法》及相关司法解释的规定。由于《企业破产法》的适用有其特殊性,公司或者其他的企业进入破产程序之后才能适用《企业破产法》,

所以对上市公司董事在履职尽责方面的约束,实际上是比较有限的,从具体的条文上观察,除提出抽象的赔偿义务规定之外,《企业破产法》及其司法解释对股东出资的监督义务以及董事任职消极资格的规定,事实上都跟现行《公司法》及其司法解释的规定一脉相承,没有建立起特殊的制度。《企业破产法》虽然对破产债务人的“有关人员”规定有在破产程序中妥善保管其占有和管理的财产、印章和账簿、文书等资料的义务,这是《企业破产法》第15条的规定。但实践中其现实的责任机制,即基于《企业破产法》第125条的民事诉讼,检索后并不多见,体现破产法上董事勤勉义务的司法执行,同样较薄弱。

上市公司的治理规则,我们可以通过对上市公司治理准则的检索,对上市公司章程指引的检索,对上海证券交易所股票上市规则及其附件的检索,上海证券交易所上市公司董事选任行为指引的检索,乃至于对深圳证券交易所主板和创业板上市公司规范运作指引等规定的检索,发现相当具体的规定,有时远远超过了《公司法》及其司法解释所作的规定。

在上市公司的治理规则方面来作一个研究的小结。第一,在中国证监会层面的规定,包括上市公司的治理准则和章程指引,我们研究后看到相关规定的核心,仍然是对现有法律中守法和合章经营的要求。合章的意思是合乎公司的章程。这些规定载入上市公司章程时,若存在违反章程的行为,也可能导致产生前述现行《公司法》第147条第1款规定的法律责任。实践中单纯针对公司治理的行政处罚或者处分并不多见,同时司法执行仍然是可能存在的选项。第二,在证券交易所层面的规定。证券交易所层面的规定比法律法规和中国证监会的规则更详细和具体,但沪深交易所的自律性处分的实践检索较少关注董事在商业决策方面的合规要求。此外,自律性处分力度毕竟是有限的,是否足以对违法违规行为形成惩戒和震慑的效果,事实上是存疑的。

以上是关于《公司法》的研究,那么接下来是关于《证券法》和相关司法解释的研究。

有关上市公司董事违反勤勉义务的法律责任,在我国现行的《证券法》中主要表现为违反信息披露规定的民事责任、行政责任以及情节严重时候可能的刑事责任,此外,还有自律性组织的惩戒行为等。就民事责任而言,法律和司法解释已经有较明确的规定,但现实中针对董事提起的诉讼数量是相当少的,董事真正承担个人赔偿责任的案例则几近于无。当然在最新的司法实践当中,我们看到有法院在判决当中认为,董事甚至独立董事,对上市公司虚假陈述所造成的投资者的损害,在一定比例上要承担连带责任。但是像这样的案例应该是非常少的,而且是近期司法实践的一些初步的探索。就行政责任和自律性惩戒行为而论,中国证监会和沪深交易所已经有了相当数量的案例,但证券法上的责任,尤其与上市公司虚假陈述是紧密相连的。换句话说,只有违反信息披露的行为,才受到法律责任的制约。如果违反履职尽责的董事行为,已经经过了信息披露,而且信息披露的内容难以被认定为是虚假记载、误导性陈述、重大遗漏或者是不正当披露,则责任后果就不会产生。所以在这个方面的法律责任,实际在适用方向上有显而易见的局限性。

那么基于刚才所说的,对法律行政法规相关的规则和规范性文件,以及实践当中的司法和行政处罚的案例进行整体观察之后,我们不妨得出一些结论。有关股份公司董事的勤勉义务,现行公司法上的规定尚不完备,公司治理指南和交易所指引的规定则相对较详细,《证券法》的规定系针对信息披露事项,条文的表述较明确。从法律和规定的执行来看,公司法相关的民事诉讼案例不多,表明对违反勤勉义务的执行力度相对有限。中国证监会依据证券法作出的行政处罚,交易所依据上市规则作出的自律性处分,虽然为数众多,但尤其针对的是合规披露的义务,包括证券法上所要求的对信息披露真实、准确、完整、及时、公平、简明清晰和通俗易懂的规定。从法律规定的文本和现实执行情况来看,A股市场上上市公司的勤勉义务,我们指的是董事的勤勉义务,几乎可以等同为合规义务。那么,从比较法来看,国外公司法上所讨论的针对复杂多变的环境所作出的谨慎的决断,在这个意义上的所谓原汁原味的商业判断的规则,基本上并不存在,无论是纸面上的法律,还是实践中的司法判决,还是行政的处罚处分及自律性的处分。我们所说的不仅是外国法"Business Judgment Rule"的狭义上的商业判断,而且是围绕商业判断所发生的董事、高管勤勉义务的狭义的规则是并不一致的。如果说谨慎义务在中国法上即表现为合规的义务,那么建立所谓经典意义上的"Business Judgment Rule",也就是BJR的商业判断责任的豁免,未必是现在紧迫需要的内容。当然从另外一个方面来讲,为证券法的信息披露义务确定责任的边界,一直都是相当重要的事项。那么从一开始讲到,投服中心在持股行权的过程当中遇到了一些案例,在这些案例中,上市公司的董事包含独立董事,在审议对外收购乃至公司重大资产重组的相关事项的时候,有时不够细致、不够勤勉尽责。在这个时候,为依法依规督促董事履职尽责,并且如果有现实的违法违规现象出现以后,要追究相关主体的责任。

接下来我提出的政策建议，是以《公司法》、《破产法》及《证券法》规则适用为顺序所提的政策建议。

第一，在投资者保护机构和机构投资者方面。作为事前和事中的模式，国家设立的投资者保护机构和积极参与公司治理的股东积极主义的机构投资者，应当在相关的股东大会会议，就敏感性的、有问题的议题进行质询，必要的时候应就议题投出反对票（至少是弃权）票。弃权票是指如果相应的资料不足以支持对相关的议题投出肯定的赞成票的时候，可以弃权来表明态度。在事后的措施方面，投资者保护机构和机构投资者可以依据《公司法》第22条第2款，就相关的董事会或者股东大会的决议提出事后的无效之诉或者是撤销之诉。在相关交易被认定为与双控人或执行董事具有关联关系时，即便上述的主体在形式上履行了回避的程序，但是如果有初步的证据可以证明其仍然实质性地支配了相关会议及其决议，那么上述的股东是不是可以依据《最高人民法院关于适用〈中华人民共和国公司法〉若干问题的规定（五）》（以下简称《公司法司法解释五》）中第1条、第2条的规定，仍然对责任主体提出诉讼，或者请求法院认定相关的关联交易合同无效、可撤销，抑或对公司不发生法律效力，值得认真进行研究。对投服中心在依据《公司法》第151条的规定，提出对违法违章董事的代表诉讼时，或者依据《公司法司法解释五》上述规定，提出关联交易合同的效力瑕疵之诉时，按照2019年《证券法》第94条第3款的规定，不受公司法有关持股比例和持股期限门槛的限制。相关股东或投保机构可以按照2019年《证券法》第90条的规定，公开征集上市公司的股东授权，在股东大会上寻求解任履职未尽责的董事，包括独立董事，并推荐适合的候选人人选。

第二，在法律方面。建议我国法院采取积极的司法态度，在一些上市公司商业决策里，如果说外部性较大，尤其是关于重大的并购重组，或者是重大的关联交易的事项发生了争议，法院应该考虑实质性地认定上市公司董事的谨慎义务，从严追究其违反义务的法律责任。但是对此需要就决策事项的类别化、履职尽责的内涵和基本标准、诉讼中的举证责任及其转换，及被告董事、高管的合理抗辩事由进行具有本土化的建构。

第三，在中国证监会和交易所方面。基于上市公司信息披露的现行制度，首先，需要形成投资者保护机构和交易所的良性互动。在重大的上市公司的交易审议时，投保机构应行使问询权，必要时投票反对问题交易。交易所则发起类似刨根问底式的问询，督促相关上市公司进行公开披露。其次，就披露中可能存在的虚假记载或者重大遗漏,由交易所依据规定实施纪律处分,或者由中国证监会及其派出机构进行行政处罚。由此实际上也引导投资者针对责任主体提出侵权赔偿诉讼,包括单独诉讼、共同诉讼和可能的代表人诉讼。

以上是我对一些实践问题的看法。感谢第四届中小投资者服务论坛给我宝贵的交流机会,希望和各位专家学者领导一起探讨,就中国资本市场的法制化发展和中小投资者保护略尽绵薄之力。

谢谢大家!

议题4:促进机构投资者参与公司治理

易方达基金管理有限公司ESG研究员魏亦希
在第四届中小投资者服务论坛“规范公司治理
促进投资者保护”专题论坛上的主题发言

促进机构投资者参与公司治理

魏亦希*

大家好,我是易方达基金研究部的ESG研究员,感谢投服中心的邀请。今天与大家分享易方达在参与公司治理领域的理解与实践。

所谓参与公司治理,是指投资者通过合理地行使自己的股东权利参与到公司的治理活动中,比如,在公司股东大会中行使投票表决权,在与公司管理层的交流过程中就部分问题展开讨论、合理地提出建议,甚至提名公司董事等。

近年来,随着中国资本市场的不断发展,机构投资者的规模和比例不断提升,以公募基金、社保、保险、年金、信托等为代表的机构投资者,在A股总市值的占比已达到22%,且呈现逐年提升的趋势。我们认为,未来A股市场的机构化比例有望进一步提升。而相较个人投资者,机构投资者的专业性更强,更具长期价值导向,持股规模也更大,因此对上市公司能够产生的影响力也更强。

因此,机构投资者建立责任投资理念,健全其参与公司治理的方法和机制,合理发挥作为公司股东的权利和义务,有助于不断促进上市公司的治理水平提升,进而提升上市公司的整体质量。

---

* 易方达基金管理有限公司ESG研究员。

但是,根据我们的观察,目前国内的机构投资者参与公司治理的程度还有待加强。主要表现在以下几个方面:

第一,中小股东在股东大会的投票参与率较低。根据我们观察的700家样本公司2017~2019年所有股东大会的数据来看,非控股股东的平均会议出席率为25%~26%。也就是说,还有很多机构投资者没有参与投票,将重大事项的决策权让渡给了大股东。

第二,中小股东反对意见有所增加,但议案不通过的比例很低。根据我们观察的样本公司2017~2019年总体反对率超过10%的议案有1000个(数量很多,一般反对率超过10%都是有瑕疵不太合理的方案)。不过,尽管有中小股东不满意,受限于参与率有限,最终未获通过的议案数量仍然较少。2017~2019年仅有65项议案未获得投票通过。也就是说,只有很小一部分有瑕疵、不合理的议案没通过股东大会。

第三,参与治理的机构数量和与公司的沟通频率较低。根据基金业协会2019年《中国基金业ESG投资专题调查报告》,参与调查的机构中只有少部分机构主动与公司沟通ESG问题,频率也很低。根据我们实践时的感受,大部分投资者在与公司沟通的过程中都是比较被动地接受信息,真正向公司提出建议的情况也比较少。

各个监管主体已经对机构投资者参与公司治理提出了相关的要求和指引:

一是2012年,中国证券投资基金业协会发布《基金管理公司代表基金对外行使投票表决权工作指引》。对基金管理公司代表其管理的证券投资基金对外行使投票表决权行为进行规范和指导。

二是2018年,中国证监会修订了《上市公司治理准则》。其中专门有一个章节提到机构投资者的内容。鼓励机构投资者作为上市公司股东,通过依法行使表决权、质询权、建议权等相关股东权利,合理参与公司治理;阐明机构投资者参与公司治理的主要途径,即参与重大事项决策,推荐董事、监事人选,监督董事、监事履职情况等;鼓励机构投资者做好参与公司治理方面的信息公开工作,即公开参与上市公司治理的目标与原则、表决权行使的策略、股东权利行使的情况及效果。

三是2020年,国务院发布《关于进一步提高上市公司质量的意见》,要求提高上市公司治理水平,完善公司治理制度规则。该意见明确提出,建立董事会与投资者的良好沟通机制,健全机构投资者参与公司治理的渠道和方式。为机构投资者参与治理提供制度基础。

我们认为,虽然目前国内资管机构与上市公司沟通的数量和频率还比较低,但未来机构投资者参与治理的广度和深度将不断提升。以责任投资原则组织(Principles for Responsible Investment,PRI)为例,PRI对其签署方提出了尽责管理的指引和要求,这就包括如何参与公司治理、如何合理投票表决、如何在投资决策中考虑ESG问题等。2017年中国内地仅有7家资产所有人、资产管理人或服务机构签署PRI,而截至2021年7月,中国内地签署方机构已经增长至67家。这也说明机构投资者开始逐步认可责任投资理念,未来也会有越来越多投资者参与公司治理的实践中。

易方达在参与公司治理的实践是怎么做的呢?作为国内资产规模最大的公募基金之一,我们2017年作为首批国内机构加入PRI。

首先,我们在投资理念中坚持长期投资、价值投资、责任投资。针对责任投资的理解,我们认为:(1)不仅关注公司的"经济价值",同时关注公司的"社会价值",通过ESG框架将公司治理、社会和环境等因素纳入对投资标的的评估。(2)不仅关注投资的"收益权",同时重视作为公司股东的"所有权",通过履行作为股东的权利和义务,促进企业治理改善以达到提高其长期价值的目标。

其次,我们认为,参与公司治理不仅是研究员或基金经理的工作,而需要通过完善的体系和制度贯穿于整体投研流程中。所以,针对参与公司治理,我们自上而下设置了相应的尽责管理体系和机制:(1)参与治理机制:通过与公司管理层的沟通和讨论,对公司提出有建设性的建议。我们认为,与公司管理层展开沟通是参与公司治理的重要方法。通过与公司管理层的沟通可以更好地了解标的公司的治理水平、运营机制、激励与绩效方法、投资风险等重要内容。同时,通过向公司管理层提出建议也可以推进公司治理提升和可持续性目标。比如,针对高能耗、高排放企业我们有针对性地讨论减碳目标的问题。(2)代理投票机制:股东大会一般涉及董事会选任、薪酬与激励、重大投资、并购重组、融资、利润分配等重要事项,与股东长期利益息息相关,所以合理行使投票表决权也是机构投资者参与治理的重要方式。

为此,我们设置了完整的内部投票决策流程,在过程中,由研究员发起投票建议,确保我们对公司的议案进行充分讨论,最后由基金经理和投委会成员集体同意后执行投票。同时,针对股东大会的各议案类别,我们也制定了详细的判断标准,保证投票决策的客观性、公正性和一致性。

机构投资者如何更好地参与公司治理?机构投资者参与公司治理对改善上市公司治理水平,维护中小股东权利,提升市场整体质量有积极意义。机构投资者受持有人委托管理资产,也有责任履行受托义务,合理行使股东权利。

根据我们的实践,我们认为机构投资者参与公司治理有以下重要作用:

第一,监督并促进规范上市公司的治理行为。机构投资者积极主动地参与公司治理,可以缓解代理人问题,减少“内部人控制”问题。通过合理行使投票权、在股东大会的表决中发挥作用。比如,在我们认为大股东/实际控制人与我们中小股东利益发生冲突、有损中小股东利益时,通过投票表示反对等方式保护自身利益。

第二,通过良好的沟通机制为上市公司提供建议。机构投资者往往配备了专业的投资研究团队,对行业发展、公司业务和治理水平都有较深的理解。机构投资者在与上市公司管理层的沟通交流中,可以根据其行业研究、同行公司研究、海外公司研究的成果,对上市公司的发展和治理行为提出有效建议,通过良性互动的方式帮助上市公司不断成长。

第三,促进上市公司信息披露质量提升。机构投资者在与公司管理层的沟通过程中,会对上市公司发展战略、经营方法、研发投入方向、人员配置等方方面面的问题进行深入交流。上市公司以监管要求为基础的披露方式,较难完全适应机构投资者的需求。机构投资者广泛地参与上市公司治理,能够促使上市公司在信息披露方面更加完善、透明。

同时,机构投资者参与治理是系统性工程,也需要通过自身实践来不断完善。我们认为,机构投资者可以参考以下方面更好地参与公司治理:

第一,关注跟踪上市公司的治理表现。搭建管理系统以实时跟踪被投公司的治理水平、新闻舆情、财务表现、ESG 信息等,实现对相关信息的汇总,为参与公司治理提供信息基础。

第二,通过实地调研、管理层沟通、投票表决等多种方式参与公司治理。绝大部分公司充分尊重股东利益,也愿意与投资者展开沟通。在公司治理的过程中可以优先选择与管理层沟通的形式,向公司传递投资者建议。而对不愿作出改变的公司或明显有损中小股东的行为,可以通过行使投票权在股东大会表决。

第三,在充分研究的基础上参与公司治理,适应公司的实际情况。参与公司治理时,应根据公司治理的最佳实践案例建立一套公司治理分析框架,同时也应该对具体公司的具体问题有针对性地进行研究。结合自身投资理念和公司的实际情况,与管理层进行沟通,保证股东参与过程既能符合投资者利益,又能适应公司的长期发展。

第四,对不同的公司设定分阶段沟通目标。部分公司由于处在发展初期,可能存在治理不完善、忽略中小股东、披露不清晰等问题。可以针对不同阶段的公司进行差异化的讨论,逐步提高其治理水平,并在投资过程中分阶段与管理层沟通,记录沟通情况、更新沟通目标并跟踪其改善进度。

专题论坛三　投保机构股东代位诉讼实务探讨

INVESTOR

中证中小投资者服务中心副总经理刘磊在第四届中小投资者服务论坛投保机构股东代位诉讼实务探讨专题论坛上的主持致辞

刘　磊*

尊敬的各位领导、各位专家、各位来宾：

大家下午好！首先感谢各位嘉宾参与第四届中小投资者服务论坛，感谢诸多观众在线收看，感谢社会各界对投服中心工作一直以来的大力支持！

2021年7月，中共中央办公厅、国务院办公厅联合发布的《关于依法从严打击证券违法活动的意见》提出，要加大对证券发行人控股股东、实际控制人、董事、监事、高级管理人员等有关责任人证券违法行为的追责力度。国务院《关于进一步提高上市公司质量的意见》指出，对损害上市公司利益的行为，上市公司要依法维权。在公司内部治理结构出现问题的情况下，作为内部救济机制的补充，股东代位诉讼制度是维护公司权益及股东利益的重要防线，能够对公司实际控制人、高管等的不当行为加以控制，同时能够规范公司治理和内部控制。2019年《证券法》第94条第3款规定了投保机构为公司利益向法院提起诉讼的，持股比例和持股期限不受《公司法》规定的限制，为投保机构提起股东代位诉讼提供了更大的便利性。但目前投保机构股东代位诉讼尚无成熟的司法实践经验，亟须明晰制度落实过程中的要点难点问题，统一各方认识。

本次“投保机构股东代位诉讼实务探讨”专题论坛，分别从投保机构股东代位诉讼的价值定位、关注焦点、主要障碍与应对建议及选案考量方面设置了4个议题，邀请了司法机关、监管机构、学者、律师等各界人士展开讨论，旨在厘清投保机构股东代

---

* 中证中小投资者服务中心副总经理。

位诉讼推进过程中的程序和实体问题。

接下来,围绕本次论坛议题1"新《证券法》下投保机构股东代位诉讼的价值定位",有请第一位发言嘉宾发表观点!

议题1：新《证券法》下投保机构股东代位诉讼的价值定位

北京金融法院审判一庭负责人丁宇翔在第四届中小投资者服务论坛投保机构股东代位诉讼实务探讨专题论坛上的发言

新《证券法》之下投保机构股东代表诉讼的价值定位

丁宇翔*

2019年《证券法》第94条第3款规定，发行人的董事、监事、高级管理人员执行公司职务时违反法律、行政法规或者公司章程的规定给公司造成损失，发行人的控股股东、实际控制人等侵犯公司合法权益给公司造成损失，投资者保护机构持有该公司股份的，可以为公司的利益以自己的名义向人民法院提起诉讼，持股比例和持股期限不受公司法规定的限制。该规定突破了《公司法》第151条关于股东代表诉讼的一般规定，赋权投资者保护机构可以启动特别的股东代表诉讼，具有非常重要的制度价值。这一价值主要体现在对投资者保护的机制体系建构、投资者保护机构的行权资格、行权条件等三个方面，以下予以具体分析。

一、投保机构股东代表诉讼丰富了投资者保护机制体系，进一步织密了投资者保护之网

2019年《证券法》的重要价值之一，就在于极大地增强了投资者尤其是中小投资

* 北京金融法院审判一庭负责人。

者的保护,主要体现在以下三个方面:一是确立支持诉讼机制。2019 年《证券法》第 94 条第 2 款规定了投资者保护机构支持起诉机制,即对投资者权益被侵害的案件,投资者保护机构可以提供专业支持,甚至可以直接担任受害投资者委托诉讼代理人,或者指派专业律师为其担任诉讼代理人。二是完善代表人诉讼机制。代表人诉讼机制是《民事诉讼法》第 53 条、第 54 条确立的群体性纠纷诉讼机制,2019 年《证券法》第 95 条根据证券群体性纠纷的特点对此予以具体化,并且将其区分为普通代表人诉讼和特别代表人诉讼两种。前者是依据《民事诉讼法》第 53 条、第 54 条及 2019 年《证券法》第 95 条第 1 款、第 2 款规定提起的诉讼;后者是在启动普通代表人诉讼的过程中依据 2019 年《证券法》第 95 条第 3 款规定启动的诉讼。三是构建投保机构股东特别代表诉讼机制。2019 年《证券法》第 94 条第 3 款规定了特别股东代表诉讼机制,即发行人董监高执行职务违法违规给公司造成损失,或发行人控股股东、实际控制人侵犯公司权益造成公司损失,持有公司股份的投资者保护机构可以自己的名义向法院起诉。

以上三项机制中,支持诉讼机制是投保机构帮助投资者诉讼的一种机制,投资者保护机构并不直接参与诉讼。在代表人诉讼机制中,投资者保护机构是作为投资者一方的代表人直接参加诉讼。在投保机构股东特别代表诉讼机制中,投资者保护机构是可以作为原告提起诉讼的。也即在投保机构股东特别代表诉讼中,投资者保护机构不仅直接参加诉讼,而且直接享有当事人的权利。相较而言,投保机构股东特别代表诉讼机制赋予投资者保护机构的权利效力是最强的,可以在投资者权利保护方面发挥最实质的作用。由此可见,公司法赋权投资者保护机构作为原告提起股东代表诉讼,这将与投资者保护机构支持诉讼机制、投资者保护机构作为代表人提起代表人诉讼机制一起,形成投资者保护尤其是中小投资者保护的制度规模优势,实质性提升我国中小投资者保护的整体水平。未来,在投资者强化保护方面的一个重要趋势就是,投资者保护机构的作用将更积极。尤其是在证券诉讼中,中证中小投资者服务中心有限公司和中国证券投资者保护基金有限公司作为我国的两大投资者保护机构,将逐渐发挥越来越大的作用。

二、投保机构股东代表诉讼锚定了股东代表诉讼的优质主体,植厚了投资者维权根基

我国的股东代表诉讼机制立法上最早见于 2005 年《公司法》第 151 条第 2 款和

第 3 款的规定,并经 2017 年施行的《最高人民法院关于适用〈中华人民共和国公司法〉若干问题的规定》予以完善和细化。按照此前的关于股东代表诉讼的规定和实践,股东代表诉讼是针对侵犯公司利益的行为而启动的诉讼。侵犯公司利益本应由公司起诉,但如果侵犯公司利益的就是代表公司管理层的董事、监事、高级管理人员或控股股东、实际控制人等内部控制人时,则由上述人员代表公司诉讼维权无异于与虎谋皮。于是法律赋权股东为了公司的利益以自己的名义直接向人民法院提起诉讼。正是由于上述的制度背景,股东代表诉讼的制度设计天生即具有“派生性”和“代表性”的双重属性:一方面,股东是代位公司行使诉权,以避免因公司消极不行使诉权而遭受损失;另一方面,股东是代表全体股东行使诉权,以维护全体股东所应享有的间接利益。

但是,从目前我国股东代表诉讼的运行情况看,大股东可能就是那些侵犯公司利益的“作恶者”,真正需要运用股东代表诉讼这一法律武器维权的,主要是中小股东。但中小股东普遍的情况是法律专业技能不高,维权能力较弱,通过诉讼维权的积极性不高。而投资者保护机构是国家设立的专门保护中小投资者利益的机构,具有较强的实力和过硬的法律专业知识技能,属于法律维权体系中的专家系统。投资者保护机构是法律维权中的优质主体,由投资者保护机构作为提起股东代表诉讼的原告,可以较好地解决中小投资者维权积极性不足、维权能力低下的问题,并可以逐步带动越来越多中小投资者拿起法律武器维权,也可以培育广大中小投资者的法律维权能力。

不过,在 2019 年《证券法》的框架下,提起代表诉讼的投资者保护机构在资格上还有所限制,即必须是持有公司股份的股东。这一限制当然是必要的,否则就不可能是股东代表诉讼而是其他性质的诉讼了。目前,我国主要的投资者保护机构就是中证中小投资者服务中心(含中证法律服务中心)和中国投资者保护基金有限公司。上述两家投资者保护机构中,只有中证中小投资者服务中心一家持有众多上市公司股权,具备行权资格,可以作为股东提起代表诉讼。而全国 A 股上市公司有 4000 多家,仅有一家投资者保护机构能够提起投资者保护机构特别股东代表诉讼,恐怕力有不逮,这将在一定程度上影响投保机构股东特别代表诉讼机制作用的发挥。

三、投保机构股东代表诉讼优化了股东代表诉讼的行权条件,消除了投资者维权壁垒

根据我国《公司法》第 151 条第 1 款规定,投资者提起一般的股东代表诉讼,必须

符合如下的行权条件,即股东必须连续 180 日以上单独或者合计持有公司 1% 以上股份。《公司法》之所以这样规定,是为了防止部分中小投资者的非理性滥诉,因而揆诸公司日常经营秩序和投资者保护两方面的价值而作出的折中性的制度设计。但也正是因为这样,合计持有公司股份低于 1% 的一部分小股东就没有机会提起股东代表诉讼,从而限制了该部分中小投资者的权利。

投资者保护机构是专业的投资者保护主体,并且是专业的机构主体,它比自然人的中小投资者和其他机构型中小投资者,都明显更理性、平和、成熟。放宽对投资者保护机构的股东代表诉讼行权条件,一般不会产生非理性滥诉,不会对公司的日常经营秩序产生破坏。2019 年修订后的《证券法》充分考虑投资者保护的实际和公司经营秩序维护的实际,大幅度放宽对投资者保护机构提起股东代表诉讼在持股时间和持股比例方面的限制,给予投资者保护机构在提起股东代表诉讼上的特殊优待,这将激发投资者保护机构的责任感和使命感,激励其为那些不具备行权条件的中小投资者维权,从而在较大程度上消除普通中小投资者通过股东代表诉讼维权的壁垒,实质上推动我国投资者保护水平的提升。

当然,2019 年《证券法》虽然对投资者保护机构提起股东代表诉讼有特别优待,但并非没有任何门槛,这一门槛就是前置程序。按照《公司法》第 151 条第 1 款、第 2 款的要求,投资者提起普通的股东代表诉讼之前,必须先履行书面请求监事会、监事、董事会、执行董事向人民法院起诉的前置程序。只有在监事会、监事、董事会、执行董事拒绝提起诉讼,或者自收到请求之日起 30 日内未提起诉讼,或是情况紧急、不立即提起诉讼将会使公司利益受到难以弥补的损害的情况下,投资者才可以提起股东代表诉讼。2019 年《证券法》虽未明确投资者保护机构股东特别诉讼是否也需要遵循这一前置程序的要求,但 2019 年《证券法》第 94 条第 3 款明确规定,投资者保护机构特别股东代表诉讼的持股比例和持股期限不受《公司法》第 151 条的限制,却并未明示前置程序要求不受《公司法》第 151 条的限制。从体系解释的角度分析,应当认为,无论是普通的股东代表诉讼,还是投资者保护机构的特别股东代表诉讼,都应遵循提起股东代表诉讼的前置程序的要求。并且这样解释,也符合股东代表诉讼机制衡平投资者保护与公司日常经营秩序维护的制度本旨。

四、结　　语

投资者保护机构作为投资者提起股东特别代表诉讼在我国《证券法》中是新的制

度安排。此次《证券法》的大幅修订,参考了其他法域投资者保护机构特别股东代表诉讼的做法,较好地解决了我国传统股东代表诉讼起诉门槛过高和中小投资者起诉不积极的问题。我们有理由期待,在2019年《证券法》的投资者保护机构特别代表诉讼的加持下,股东代表诉讼这一制度必将焕发新的生机和活力,从而为新时代中国资本市场的和谐健康发展贡献新的力量。

上海市高级人民法院金融审判庭副庭长沙洵在第四届中小投资者服务论坛投保机构股东代位诉讼实务探讨专题论坛上的发言

《证券法》视野下投保机构股东代位诉讼的功能与价值

沙　洵*

各位领导、专家:

下午好!今天十分荣幸受邀参加第四届中小投资者服务论坛专题论坛,以投保机构股东代位诉讼为议题与各位嘉宾开展交流,学习新知。首先请允许我对本次论坛的主办方表示感谢。2019年《证券法》第94条第3款创设了投资者保护机构对发行人(上市公司)的董监高违法或者违反公司章程规定履职,以及发行人控股股东、实际控制人侵犯上市公司合法权益,造成损失时的股东代位诉讼制度,下面我就这一全新制度在2019年《证券法》视野下的功能与价值谈几点自己的学习体会,不当之处,请各位专家批评指正。

一、投资者保护机构股东代位诉讼的现实意义

(一)维权模式从程序法到实体法规范的全方位推动

以上市公司小股东身份监督、推动上市公司依法合规治理,促进资本市场公开透明是投资者保护机构的重要职责。程序法层面的中小投资者保护实践多聚焦于参与证券侵权民事诉讼,即根据《证券法》、《民事诉讼法》及相关司法解释的规定,以支持

* 上海市高级人民法院金融审判庭副庭长。

起诉、特别代表人诉讼等方式参与到证券诉讼中来,如为投资者选任委托诉讼代理人、作为特别代表人等。2019年《证券法》第94条第3款则在实体法层面上确认了持股的投资者保护机构独立的诉讼地位,这就意味着投资者保护机构可以以自己的名义,提起维权诉讼,是2019年《证券法》对现行维权模式的一项重大创新。

(二)维权路径从直接到间接的突破

以往的维权诉讼均由投资人群体发起,诉讼利益亦直接归属投资人享有,而股东代位诉讼的发起主体与诉讼利益归属均与以往不同:一是在诉讼地位上,投资者保护机构可以以自己名义作为原告参加诉讼。这也是将投资者保护机构"持股行权"的保护机制落到实处的必然要求,《证券法》借鉴《公司法》第151条股东派生诉讼的规定,赋予投资者保护机构作为上市公司股东的独立诉权。二是在诉讼利益归属上,根据2019年《证券法》第94条规定以及股东派生诉讼原理,投资者保护机构的胜诉权益将归属上市公司所有,从保护上市公司利益的角度,从效果上说,也就是间接保护了公司股东的利益,对投资者整体利益施以更加周全的保护。

(三)责任承担主体从发行人到直接责任人的扩张

就目前发生的上市公司的证券侵权案件而言,绝大部分是由上市公司控股股东、实际控制人以及上市公司董监高人员违反信息披露义务所导致的,在投资人提起民事侵权诉讼时,法院可能会判决上市公司承担赔偿责任,并由董监高等直接责任人员承担连带赔偿责任。但在实践中,上市公司对外承担赔偿责任后,由于种种原因,如上市公司仍处于责任人控制之下的情况下,上述主体之间的追责程序启动缺失,可能导致真正的"首恶"并不承担最终责任,而通过股东代位诉讼,则可以督促公司追责到个人。例如,在"美丽生态"证券虚假陈述责任纠纷案件中,上市公司按照调解协议向投资人承担赔偿责任后,其董事长贾某某并未实际分担责任,后该公司在投服中心的建议下,向贾某某提出了追偿调解金诉讼,实现了制度初衷。

(四)维权门槛的由高到低

以往立法虽然不禁止投资者保护机构的股东代位诉讼,但是受制于《公司法》关于股东派生诉讼的严格条件限制,仅持1手上市公司股票的投资者保护机构启动诉讼难度较大,而根据2019年《证券法》第94条第3款的规定,投资者保护机构提起代位诉讼不受《公司法》规定的持股比例与持股持续时间的限制,维权门槛进一步降低。

二、投资者保护机构股东代位诉讼的实务问题

鉴于投资者保护机构股东代位诉讼在我国是一项全新制度，其制度效果有待在司法实践中加以验证，相关制度也有待于在实践中加以细化。由于该制度借鉴自我国《公司法》，处于与《公司法》的交叉地带，加之法律规定还比较原则化，因此，在实务中首先要应对的是与《公司法》及其司法解释的衔接适用问题。

（一）关于前置程序问题

根据《公司法》第 151 条派生诉讼的规定，股东可以书面请求监事会、监事、董事会、执行董事向法院提起诉讼，只有在上述主体拒绝或者在收到申请后 30 日内未起诉的，股东才可以提起代位诉讼。但《证券法》第 94 条第 3 款对投资者保护机构作为原告的此类案件是否适用前置程序则未作规定，对能否直接认为《证券法》已经取消前置程序还存在一定争议。有观点认为，此类案件仍然应当适用《公司法》规定的前置程序，我们注意到投服中心在“美丽生态”案上确实也启动了《公司法》规定的前置程序，因此建议有关部门对此加以明确。

（二）关于当事人地位及诉讼费用问题

根据《公司法司法解释四》第 24 条的规定，在诉讼中应列股东为原告，列公司为第三人，这是因为公司怠于行使诉权，而由股东代其提起诉讼，因此只能将公司列为第三人参加诉讼。同理，关于诉讼费用负担的问题，根据《公司法司法解释四》的规定，如果股东的诉讼请求得到法院支持，股东参加诉讼支付的合理费用应由公司承担。但是《证券法》对此未作细化规定，能否参照《公司法司法解释四》的规定处理，有待将来的司法解释予以明确。

（三）关于诉讼案件管辖权问题

目前，我国已经设立两家金融法院，部分法院也设置了金融审判庭。由于投资者保护机构股东代位诉讼根据《证券法》的规定提起，但是在具体的法律关系、责任认定以及法律适用上，更多地适用《公司法》规定，因此存在《证券法》与《公司法》的交叉适用问题，此类案件并没有独立的案由，是否属于金融案件有待明确。根据 2021 年 3 月最高人民法院《关于北京金融法院案件管辖的规定》以及 2021 年 4 月最高人民法院《关于修改〈关于上海金融法院案件管辖的规定〉的决定》，金融法院可以受理涉金融机构的与公司有关的纠纷，但是在上市公司并非金融机构的情况下，此类案件是属

于专门法院的管辖范围，还是按照普通民商事案件来确定管辖法院，有待进一步明确。

中国人民大学法学院教授刘俊海在第四届中小投资者服务论坛投保机构股东代位诉讼实务探讨专题论坛上的发言

投保机构提起股东代表诉讼的社会功能、制度资源和维权策略

刘俊海*

很高兴出席第四届中小投资者服务论坛。今天向大家汇报的题目是《投保机构提起股东代表诉讼的社会功能、制度资源和维权策略》。因为投保机构是广大中小股东的“娘家人”，投保机构股东代表诉讼对保护广大中小投资者的权益大有助益。

那么投保机构为什么要提起股东代表诉讼？第一个方面，有助于进一步维护中小股东权利，弘扬股权文化。在现代公司治理当中，股东是公司股权资本的提供者，承担投资的风险。所以，按照股东主权、股东平等、股东民主、股东诚信、关怀中小股东的基本要求，中小股东应当得到善待，应当参与公司的治理，应当当家作主。

股东权利可以分为自益权和共益权，也可分为事先行使的权利和事后行使的权利。股东代表诉讼提起权，就是股东在自己权利受到侵害以后依法提起的一类诉讼类型。在市场中，如果有上市公司虚假陈述，投资者可以对其提起普通代表人诉讼，投保机构也可以代表广大公众投资者提起特别代表人诉讼，那么这些诉讼一旦胜诉，胜诉利益就归受损的投资人。

问题在于如果是股东代表诉讼胜诉了，如投保机构做原告获得胜诉，胜诉利益是直接分给广大的股民，向他们直接发红包，还是直接把胜诉利益给公司呢？按照《公司法》的制度设计，胜诉利益是归属于公司的，而不是被直接分配给广大股民的。但是公司的利益得到了保护，股民们的利益也就得到保护了。所以投保机构提起股东代表诉讼，就是代表广大股东在行使权利，有助于把股东中心主义坚持到底。

第二个方面，投保机构提起股东代表诉讼，有利于提振投资信心，释放法治红利。

---

* 中国人民大学法学院教授。

资本市场的法制化、市场化、国际化、诚信化是我们改革的一个重要方向。如何提振投资信心,如何结束“熊长牛短”的现象?经过很长一段时间的思考,我个人认为有了投保机构提起股东代表诉讼的制度,股东利益就会得到充分的保护,股东的投资信心也会得到提振。股东代表诉讼对广大投资者形成一个长期的制度利好,而法治就是广大公众投资者最好的“定心丸”。

第三个方面,投保机构提起股东代表诉讼,还有助于倒逼上市公司规范治理,提升上市公司的质量。公司治理关系公司的生死存亡。当然,公司治理不仅包括理念中的公司治理、制度层面的公司治理,也包括实践层面的公司治理。有些上市公司的公司章程、公司治理的大纲,甚至专项的公司治理规则,制定得完美无缺,但是被束之高阁,没有落地生根。

在这种情况下,与其被动地承担对公司的损害赔偿责任,为何不慎独自律、见贤思齐,规范自己的行为呢?所以我个人认为公司治理原则把股东权利保护放在第一重要的位置上,不是没有原因的。而投保机构股东代表诉讼就可以倒逼公司形成股东友好型的公司治理模式,所以公司治理不仅是一个空泛的概念,它需要靠投保机构股东代表诉讼每一个个案的公平正义去逐渐推动。

第四个方面,股东代表诉讼还可以提高控股股东、实际控制人、董监高的失信成本。在公司的治理、公司的发展和公司的长期可持续的繁荣过程当中,公司的五类人,即控股股东、实际控制人、董监高,是关键少数者,他们是公司治理和公司发展的“压舱石”。但是如果他们滥用权力,会对公司造成灾难性的后果。

有了股东代表诉讼,一是控股股东、实际控制人、董监高会发现失信成本提高了,失信收益归零了,甚至变成负数了,也就是失信成本远远大于失信收益。二是如果控股股东、实际控制人、董监高诚实守信,会发现他们的守信收益提高了,守信成本降低了,守信收益高于守信成本。

第五个方面,就是提起股东代表诉讼还有助于优化投资者友好型的资本市场生态环境。我国上市公司存在重发展轻规范、先发展后规范、只发展不规范、重创新轻诚信、重快捷轻安全、重效率轻公平这样一些传统的思维定式,导致我们的资本市场主要具有融资的功能。重融资轻投资这种单边市场的财富效应,是制约我国资本市场进一步改革发展和繁荣的障碍。

所以由投保机构来提出股东代表诉讼,捍卫公司利益,捍卫公司的法人财产权,捍卫公司的物权、股权、债权、知识产权、大数据权和区域财产权等一系列财产权利,有助于打造诚实信用、公平公正、多赢共享、包容普惠的投资者友好型的资本市场生态环境。

第六个方面,投保机构出面提起股东代表诉讼,还有助于推动资本市场更好地服务于经济的高质量发展,落实新发展理念,推动经济高质量发展,这是“十四五”规划和 2035 年远景目标的重中之重。

如何在资本市场落实新发展理念?就是要终结脱实向虚的不正常现象,让上市公司回归自己的应有定位,聚焦本身的产品和服务质量的提升,加大研发力度,优化和谐的劳资关系,优化投资者友好型的公司治理关系,进一步提升公司的核心竞争力,提高公司的盈利能力,更好地利用资本市场作为发展企业的杠杆,推动企业更好地贯彻落实新发展理念。

所以股东代表诉讼由投保机构来提起,具有一系列的经济意义、政治意义、法制意义和社会意义,是立足长远的发展工程,是义利并举的法治工程,也是提振投资信心的民心工程。问题就在于,我们有没有保护投保机构提起股东代表诉讼的制度资源?回答是肯定的。我想从《公司法》、《证券法》以及《公司法》的两部司法解释,跟大家分享我对现有制度资源的基本研究体会。

2005 年,《公司法》写入了股东代表诉讼制度,这对今天投保机构提起股东代表诉讼意义重大。《公司法》第 151 条说了什么内容?第一,说清了原告。原告采取差异化的立法政策,有限责任公司的任何股东都有资格提起股东代表诉讼,但是对股份公司的股东来说,必须连续 6 个月持股,而且持股比例要达到 1% 。当然 1% 的门槛可以通过单个股东持股超过 1% 去解决,也可以通过两三个股东抱团取暖去跨越 1% 的门槛。对那些发行额 100 亿元、200 亿元、500 亿元的公司来说,甚至市值 1000 亿元的公司来说,如果一个小股东持有 1% 的股份,那他还是小股东吗?所以 1% 的持股比例加上 6 个月的持股期间,将使很多中小股东望而却步。

投保机构是否符合法定的门槛?严格地说也不符合。为什么?因为投保机构中证中小投资者服务中心在购买了我国每家上市公司 100 股的股票,所以其既是全世界最大的股东,因为拥有数千家上市公司的股票但也是全世界最小的股东,因为仅拥有每家上市公司 100 股的股票。所以如果没有 2019 年《证券法》的助力和加持,投保机构也很难以满足《公司法》第 151 条规定的股东代表诉讼的原告资格门槛。

第二,明确了谁做被告。《公司法》第 151 条明确可以对董事、高管、监事提起诉讼,此外,第 3 款规定,他人侵犯公司合法权益给公司造成损失的,具备条件的股东也可以对其提起诉讼。“他人”包括控股股东,也包括实际控制人,甚至还包括其他违反与上市公司的协议关系出现违约行为而应当被追究违约责任的被告人。所以,凡是上市公司有权利去起诉的被告人,股东提起代表诉讼都可以起诉他。

第三,《公司法》第151条规定的一个重要内容是竭尽内部救济程序。股东代表公司起诉侵害公司的人,耗时费力。所以法律还是规定应先由公司对失信者、侵权者、违约者提起公司直接诉讼。

此外,《公司法》第151条还规定了一个例外情况,情况紧急、不立即提起诉讼,将会使公司利益受到难以弥补的损害时,符合条件的股东就有权直接以自己的名义对被告人提起股东代表诉讼了。当然,除了《公司法》条文本身,最高人民法院还出台了《公司法司法解释四》,《公司法司法解释四》从第23条到第26条,用四个条款进一步细化了股东代表诉讼的法律制度。第23条强调监事会如果对董事和高管提起诉讼应当列公司为原告,由监事会主席代表公司进行诉讼,作为诉讼代表人。如董事会起诉监事,则由董事长或者执行董事代表公司提起诉讼,原告也是公司。也就是围绕着竭尽公司内部救济程序,《公司法司法解释四》第23条又明确了原告的代表人,同时对董事和监事之间的这种权力制衡作出了明确的、规则的界定。

《公司法司法解释五》的出台背景,就是为了进一步优化我国的法制化营商环境,也让我国在全球营商环境排名当中能够更进一步。《公司法司法解释五》发布后取得的法律效果、社会效果都非常好,国际效果也很好。《公司法司法解释五》第1条规定,关联交易损害公司利益,原告公司依据《民法典》第84条、《公司法》第21条,请求控股股东、实际控制人、董监高赔偿损失的,被告仅以关联交易履行了信披义务,同时经历了股东会总决策程序作为抗辩事由的,法院不予支持。也就是说,关联交易仅透明不行,仅严谨也不行,必须符合对价公允的原则。在这种情况下,股东代表诉讼就应当有所作为。因为公司有可能不起诉关联人,这个时候就由小股东(包括投保机构)作代表,直接起诉通过不公允关联交易掏空公司资产的侵权人。

另外《公司法司法解释五》第2条规定,如果关联交易合同还没有履行完毕,则需要发挥股东代表诉讼未雨绸缪的功能。股东代表诉讼当中的原告就可以请求法院确认关联交易合同无效,或者撤销不公平、不公允的关联交易合同。事先的预防、事后的救济都可以通过投保机构提起的股东代表诉讼得到彻底解决。

2019年《证券法》第94条第3款特别强调了投保机构提起股东代表诉讼,持股比例和持股期间不受《公司法》第151条的限制。因投保机构是谋求公益的非营利组织,具有捍卫公益的宝贵品格,故法律为其特别开辟了绿色通道。所以我个人认为,以上股东代表诉讼制度的资源是非常宝贵的。

最后,简单谈谈投保机构的维权策略。第一,投保机构一定要有所担当、积极行权。投保机构的初心和使命就是为广大公众股东谋幸福,就是要推动公众股东价值的最大化,推动上市公司全心全意为公众投资者的收益权提供自己应有的投资回报。一定要记住"公司治理会失灵,股东代表诉讼不会失灵"的基本理念。只要控股股东、实际控制人、董监高违背了诚实勤勉的信托义务和诚信义务,股东代表诉讼都可以大有作为。

第二,是关于起诉谁的问题,投保机构应当聚焦被告。一是侵害公司利益的控股股东、实际控制人、董监高。二是作为发行人的控制股东、实际控制人以及相关的中介机构、会计事务所、律师事务所,甚至一些投资顾问机构,也可能在他们执行业务的过程中违背职业操守,损害公司的利益。另外,如在行政诉讼当中,公司可以对侵害自己权利的行政机关提起行政诉讼,当公司怠于起诉时,投保机构也可以提起股东代表行政诉讼。

第三,关于案件类型的多元化。除合同纠纷案件、侵权纠纷案件、行政诉讼案件,还有其他的案件类型,只要公司不能维权,不能以自己的名义提起诉讼、自己权利受损,投保机构都应当有所作为。比如,股东代表仲裁,上市公司以和其他公司约定的争议解决方式去中国国际贸易仲裁委员会,但是如果上市公司董事长因为和另外一家公司存在关联关系,不愿意提起仲裁维护权利,投保机构也可以代位提起相关的仲裁案件,维护上市公司的合法权益。

第四,如何跨越竭尽内部救济程序。建议投保机构与上市公司的董秘、董事长、总经理和监事长保持畅通的工作联络。第一时间告知其要不要依据《公司法》第151条提起以公司为原告的直接诉讼。如果他们拒绝或怠于提起,那么投保机构可以直接提起股东代表诉讼。当然,在紧急情况下,我认为应当作妥当的扩张解释,不应过分要求投保机构,只要投保机构有合理的证据证明竭尽内部救济程序的"跨越"没有意义,人民法院就应当受理投保机构的股东代表诉讼案件。特别是在董事长、总经理都有共同侵权的恶意时,无论让董事长起诉总经理,还是让监事长起诉董事长都没有任何意义。不如允许投保机构在有合理证据的情况下,直接向法院提起股东代表诉讼。另外,我还建议投服中心在提起诉讼时,要保全证据、保全财产,避免财产被转移、证据被销毁。

第五,要增强举证能力。投服中心应当通过和中国证监会及其派出机构、交易所乃至上市公司协会等相关机构的无缝对接、有机衔接和同频共振，及时有效地收集、加工和处理相关的证人证言、书证、物证乃至鉴定资料、专家证人的意见。作为股东代表诉讼中的维权力量支持，应当激活法律专家以及证券市场中行业专家的论证意见，这对投保机构精准评估一种违约行为、侵权行为的合法性具有重大的现实意义。

第六，尽力确保公司胜诉利益免遭被告人的二次侵害，避免“放虎归山”。如果公司胜诉，利益回到公司，公司又归由控股股东、实际控制人控制，那么等于投保机构提起股东代表诉讼“竹篮打水一场空”。对此，建议未来胜诉利益一定要在公司单立账户存管，应建立由投保机构共同参与托管的账号，以确保胜利果实不被侵权人非法侵占，避免维权的成果得而复失。另外，还要敦促公司来年采取积极的分红政策，凡是满足《公司法》第 166 条规定的利润分配条件的，一定要积极地向公众股东分配利润，把胜诉利益的成果惠及每一位股东。

第七，关于投保机构律师费的补偿机制。如果胜诉，律师费应当由败诉人承担，即使投保机构败诉了，上市公司也应当对投保机构予以事实上的补偿。

第八，要善于区分股东代表诉讼和股东直接诉讼。对虚假陈述、内幕交易、操纵市场、“老鼠仓”以及其他直接损害股东的行为，应当由投保机构提起特别代表人诉讼，胜诉利益直接归属股东。对直接损害公司利益，间接损害股东利益的情况，建议投保机构提起股东代表诉讼。

第九，要优化投保机构代表诉讼友好型的法律规范体系和司法救济体系。考虑投保机构提起股东代表诉讼的特殊性，特别是公益性的特点，建议最高人民法院出台专门针对投保机构提起股东代表诉讼的司法解释，提高股东代表诉讼制度的可塑性、可裁性和可执行性。我相信，投保机构将来提起的股东代表诉讼，将弘扬股权文化，全面建设投资者友好型社会，奠定坚实的法制根基。

谢谢各位！

议题 2:投保机构股东代位诉讼的关注焦点

中国证监会上市公司监管部监管一处二级调研员王昊宇在第四届中小投资者服务论坛投保机构股东代位诉讼实务探讨专题论坛上的发言

聚焦“关键少数”促进上市公司质量提高

王昊宇*

2019 年《证券法》第 94 条第 3 款对投保机构代位诉讼作出了规定,并豁免了《公司法》对持股比例和持股期限的限制,有利于投保机构克服障碍,发挥持股行权的优势,激活民事追责手段,实现对责任主体的精准打击。我将结合日常监管中围绕上市公司“关键少数”的相关工作,谈三点认识。

一是关于日常监管中的“关键少数”的界定。上市公司监管和投资者保护的目标始终是高度一致的。2019 年《证券法》关于“代位诉讼”规定中提及的责任主体,正是日常监管中常常提到的“关键少数”。尽管迄今为止对“关键少数”没有明确的定义,但是通常认为,上市公司控股股东、实际控制人和董监高对上市公司规范运作起到了决定性作用,往往是各类违法违规行为的主要策划者、受益者和责任主体。中国证监会易会满主席在不同场合多次提出,加强上市公司监管,要坚持管少管精才能管好的原则,督促大股东、董监高等关键少数,诚信守法、尽职履责。

二是从占用担保等典型违规行为看“关键少数”的责任。日常监管中,监管机构一直重视抓好关键少数。上市公司控股股东、实际控制人、董监高等“关键少数”是改

---

* 中国证监会上市公司监管部监管一处二级调研员。

善上市公司治理、提高上市公司质量、构建市场良性健康生态的关键一环。特别是从资金占用、违规担保等侵占上市公司利益的违法违规行为来看，关键少数往往是其中的责任主体，严重损害了中小投资者的利益。在资金占用、违规担保案例中也存在实际控制人主导，上市公司及实际控制人以外的其他董监高不知情的个案。一直以来，监管机构对重大违规行为保持"零容忍"高压监管态势，聚焦"关键少数"主体责任的监管理念和逻辑一以贯之。但应该看到，行政执法并不能"包打天下"，必须由投服中心等投资者保护机构通过持股行权活动，追究相关责任主体的民事责任，让其付出代价。同时，该类案件中不乏"关键少数"个人因触及《刑法》规定的背信损害上市公司利益罪的标准，被移送公安。

对实践中较多出现的资金占用、违规担保行为：一方面，我们在推动依法依规认定上市公司对违规担保合同不承担担保责任；另一方面，在实践中，我们也在探索精准监管、科学问责的理念，结合实际情况对实施违法违规行为的主体进行调查和处罚，实现精准打击。

打击资金占用、违规担保行为是提高上市公司质量的一项重要工作，也是一段时间内上市公司监管的重点难点。前期，已经通过限期整改，集中解决了一批资金占用、违规担保问题，但是在经济转型等前提下，部分控股股东流动性紧张并未缓解，后续还须长期防范资金占用、违规担保再次出现。

三是进一步提高"关键少数"违法违规成本。违法违规成本过低一直是监管的"痛点"。2019 年《证券法》的实施，大幅提高了违法违规成本。国务院《关于进一步提高上市公司质量的意见》提到，要区分上市公司责任、股东责任与董事、监事、高级管理人员等个人责任；《刑法修正案(十一)》在加大证券违法犯罪刑事处罚力度的同时，也强化了对"关键少数"的刑事责任追究。近日，中共中央办公厅、国务院办公厅联合印发的《关于依法从严打击证券违法活动的意见》，也强调坚持"零容忍"要求，分类监管、精准打击，加大对"关键少数"的追责力度。

2019 年《证券法》对代位诉讼的规定，通过增强民事追责、发挥投保机构作用的方式，进一步提高了"关键少数"的违法违规成本，有助于促进更多的市场主体知敬畏、守底线，不披露虚假信息、不从事内幕交易、不操纵股票价格、不损害上市公司利益，切实维护投资者利益，不断提升公司质量。

从上市公司违法违规行为看，个别违法违规行为出现了长期化、系统化、专业化、隐蔽化等特点，实践中存在大量"关键少数"识别困难、违法违规责任认定困难等挑战。投服中心全面持有沪深两市上市公司股票,有大量关于持股行权案例的探索,特别代表人诉讼第一单也已经开庭审理,我们有理由对代位诉讼充满期待。希望能够通过多方努力,形成有利于上市公司规范发展的良好生态,共同促进上市公司质量提升,切实保护投资者利益。

上海金融法院综合审判一庭庭长单素华在第四届中小投资者服务论坛投保机构股东代位诉讼实务探讨专题论坛上的发言

投资者保护机构股东代位诉讼的制度构建

单素华*

各位嘉宾:

大家好,很荣幸能参加本届的投服论坛,我今天与大家分享的是关于投资者保护机构在股东代位诉讼中的制度构建。主要包括以下三个方面的内容:一是关于股东代位诉讼的法律特征;二是关于股东代位诉讼的纠纷特点;三是投资者保护机构在股东代位诉讼中的功能定位。

一、关于股东代位诉讼的法律特征

股东代位诉讼的权利来源主要是《公司法》第 151 条。《公司法》第 151 条对股东代位诉讼中原告主体的资格、被告主体的范围以及股东代位诉讼的程序等事项进行了具体的规定。

根据《公司法》的相关规定,有限责任公司的股东、股份有限公司连续 180 天以上单独或合计持有公司 1% 以上股份的股东,具有股东代位诉讼的权利。股东代位诉讼中被告的范围也有明确的规定。同时,为了进一步发挥投资者保护机构在上市公司股东代位诉讼中的作用,维护上市公司的利益,保护中小投资者的权利,2019 年《证券法》第 94 条第 3 款,对投资者保护机构提起股东代位诉讼的持股期间和持股比例

* 上海金融法院综合审判一庭庭长。

进行了特殊的规定,投资者保护机构提起股东代位诉讼的持股比例和持股期限,不受《公司法》相关规定的限制。

根据上述两个条款的规定,股东代位诉讼的法律特征可以简要地归纳为以下四个方面。

一是前置程序的法定性,这也就是我们所说的穷尽公司内部救济的原则。之所以规定前置程序,是因为一方面要尊重公司自治,另一方面要防止股东滥诉。根据《公司法》的相关规定,无论是一般股东的代位诉讼,还是投资者保护机构的特定股东代位诉讼,都必须遵守前置程序的法定性。

二是关于原告主体的法定性。根据《公司法》及 2019 年《证券法》的相关规定,原告主体包括有限责任公司的股东、股份有限公司的相关股东以及具备特殊股东身份的投资者保护机构。

三是关于被告范围的广泛性。根据《公司法》第 151 条的规定,被告范围既包括公司内部主体,也包括公司的外部主体。根据《公司法》第 149 条的规定,公司的董监高、实际控制人、控股股东等内部主体损害公司利益的,股东有权提起代位诉讼。对公司的外部主体,《公司法》第 151 条有一个兜底性条款,其他损害公司利益的主体,公司的股东也可以在公司怠于行使权利的情况下,代公司主张权利。

四是关于诉讼利益的专属性。股东代位诉讼实际上是代表公司利益而提起的诉讼,是为了维护公司的权益,最后的诉讼权益归属于公司。

二、关于股东代位诉讼的纠纷特点

一是案件数量总体较少。根据近几年的司法统计数据,自 2005 年《公司法》修订之后,股东代位诉讼的数量虽然总体上呈现逐步增长的态势,但是案件数量总体还是较少的。据“中国裁判文书网”不完全统计,截至 2019 年,大约有 1000 余份股东代位诉讼文书。

二是原告主体单一。根据目前的司法统计,股东代位诉讼的原告主要以有限责任公司股东为主,股份有限公司股东提起诉讼的数量较少。也有相关学者统计,股份有限公司的股东提起的案件数量大约是 2 件,其中上市公司股东诉讼代位诉讼的数量就更少,只查询到 1 件,为山东省高级人民法院受理的三联商社中小股东提起的股东代位诉讼。根据该上市公司的公告,案件历时 3 年之后,最终被山东省高级人民法院驳回起诉。

三是司法审理原则逐步完善。《公司法》第151条虽然对股东代位诉讼进行了规定,但在司法实践中仍然存在一些法律适用的空白或者难以解决的问题。随着司法实践的不断完善,最高人民法院在《公司法司法解释四》中,对股东代位诉讼的相关原则作了进一步完善。其中特殊之处在于:一是明确了公司的诉讼地位,即股东代位诉讼中应当把公司列为第三人。一方面,是为了查明案件事实;另一方面,是在诉讼过程当中,有时会涉及对公司权利的处分,需要公司有明确的意见。二是明确了诉讼费用的承担主体,《公司法司法解释四》特别规定了由公司来向提起代位诉讼的股东偿付诉讼费用。但我个人认为最终由公司承担相应的诉讼费用,实际上并不是特别合理,应该由败诉方也即被起诉的主体来最终承担相应费用,包括律师费、股东因提起代位诉讼所支付的差旅费等。

除《公司法司法解释四》之外,最高人民法院《全国法院民商事审判工作会议纪要》进一步完善了股东代位诉讼的相关审理规则。比如,特别明确在公司治理一般情况下前置程序的必要性,同时也明确了在公司治理的一些特殊情况下,前置程序可以豁免。比如,在股东向公司相关责任主体请求提起股东代位诉讼,但是相关责任主体不可能或者根本不愿意去提起股东代位诉讼的特殊情况下,如公司陷入僵局或者被诉主体本身就是被请求对象的情况下,那么相关股东无须再履行前置程序,可以直接提起代位诉讼。

此外,也特别明确了股东代位诉讼中调解合法性的司法审查原则。虽然股东代位诉讼是由股东直接提起的,但是如果调解或者和解结案,最终处置的是公司的权利。所以对股东代位诉讼的调解是否合法、是否损害了公司的合法权益,法院仍需进行合法性审查,主要是审查和解是否取得公司股东会或者董事会同意。

三、关于投资者保护机构股东代位诉讼的功能定位

投资者保护机构提起股东代位诉讼的功能,我个人理解可能主要是集中在以下三个方面。

一是要充分发挥诉讼前置程序的督促功能。对投资者保护机构提起的股东代位诉讼,是否需要保留前置程序,在学界存在一定争议,有学者主张投资者保护机构提起股东代位诉讼,可以不需设置前置程序,因为前置程序的设置主要是为了防止股东

滥诉,投资者保护机构作为特殊公益机构,不存在滥诉可能性,所以说无须设置前置程序。

我个人理解前置程序仍具有一定的必要性,主要是基于以下几个方面原因:一是从目前的法律规定来看,无论是《公司法》还是《证券法》,都没有取消股东代位诉讼前置程序设置,即便投资者保护机构作为特定的法定主体,《证券法》也没有明确规定前置程序取消。二是从实际操作层面来讲,投资者保护机构虽然不存在滥诉的可能性,但是投资者保护机构毕竟也有一定的人力物力资源局限性,不可能对所有存在治理问题的上市公司提起股东代位诉讼,以股东代位诉讼的方式来纠正上市公司治理中的问题。投服中心通过近几年的支持诉讼、持股行权等方式,已经在上市公司内形成了一定的权威性,甚至有一定的震慑力。所以投资者保护机构通过前置程序的督促功能,在一定程度上能够促使上市公司自行对外主张权利。比如,在美丽生态案中,投资者保护机构支持诉讼之后,向美丽生态发出了对相关责任主体进行追偿的书面请求。美丽生态收到请求后不久便提起了相关的追偿诉讼。所以说从实践层面看,投资者保护机构可以在有限时间和精力内,通过书面请求的方式,促使相关上市公司来维护自身的权利,从而保护中小投资者的利益。

虽然有学者也提出在类似的案例当中,有可能存在上市公司出于对投资者保护机构威慑力的惧怕,在投资者保护机构提出请求之后,便自行提起相关诉讼,但在诉讼过程当中又通过利益输送的方式或者和解的方式,减轻相关责任主体的责任。对此,我个人认为,一方面,要维护公司的自治能力;另一方面,针对上述这些情况,有必要加大司法审查力度。诉讼过程当中,如果上市公司通过利益输送或者不当调解的行为来损害上市公司利益,那么类似案件就具有司法审查的必要性。比如,上市公司通过调解来减轻相关责任主体的责任,最终导致上市公司利益损失,从而损害了广大中小股东的利益,那么司法在审查调解合法性时,可以对和解的必要性、合法性、是否损害上市公司以及广大中小股东利益方面进行必要性审查。如有必要,甚至可以责令上市公司召开股东大会,对相关调解协议进行表决。通过司法审查的路径,应该可以很大程度上避免上市公司提起诉讼之后,再通过利益输送或者是不当调解行为,损害上市公司利益情形的发生。

二是可以聚焦上市公司治理的顽疾。目前上市公司治理的顽疾主要体现在四个方面:大股东占用公司资金、不当关联交易、违规对外担保以及信息披露违规。从目前上市公司处罚决定来看,这也是上市公司违法违规行为类型最为集中的四个方面。

对上市公司因处罚而导致最终对外赔付,或者是损害上市公司利益的情况,投资者保护机构可以借助自身调查能力或专业能力,聚焦上市公司的顽疾,来追究相关责任主体的不当行为,使其承担相应的责任。

从上市公司因虚假陈述被诉相关案件可以看出,不少上市公司在相关董监高被诉之后,主动地履行了赔付义务,甚至有的上市公司以投资者不起诉相关个人责任主体(如董监高、实际控制人、控股股东或法定代表人等)作为与投资者和解的条件,反映出上市公司在追究相关实际控制人、控股股东或董监高责任的过程中,确实存在怠于履行职责的意愿或倾向。投资者保护机构在股东代位诉讼过程中,可以聚焦上市公司上述典型的不当行为来履职履责。

三是贯彻资本市场"追首恶"的原则。近几年,随着监管力度不断加强,监管、司法以及投资者保护机构对于贯彻资本市场"追首恶"的原则达成了共识。在相关股东代位诉讼案件中,也应贯彻"追首恶"原则,要把控股股东和实际控制人作为股东代位诉讼追责的首要对象,从而维护上市公司合法权益,进而维护广大中小股东的合法利益。

今天我主要分享的内容就是这些,不当之处还请批评指正。

四川省社会科学院教授、中国法学会商法学研究会副会长周友苏在第四届中小投资者服务论坛投保机构股东代位诉讼实务探讨专题论坛上的发言

周友苏*

各位下午好,今天和大家分享股东代位诉讼中对"追首恶"监管思路的贯彻。之所以要讨论这个问题,是基于它不仅体现了《证券法》将控股股东和实际控制人纳入信义义务主体和加重其法律责任的精神,而且也与当前中国证监会对上市公司治理要"抓关键少数"和惩处证券违法行为要"追首恶"的监管思路相吻合,从实践中证券违法案件来看,这里的"关键少数"和"首恶"显然是首先是指向上市公司的控股股东和实际控制人,其次才是董监高。最近中共中央办公厅和国务院办公厅发布了《关于依法从严打击证券违法活动的意见》,其中关于加大追责的内容中也把控股股东和实际控制人排到最前面,因此,"首恶"指向违法的控股股东和实际控制人。

---

* 四川省社会科学院教授、中国法学会商法学研究会副会长。

今天讨论两个问题：一是股东代位诉讼中关于“追首恶”的界定，二是贯彻“追首恶”需要把握的问题。

（一）关于“追首恶”的界定

根据当前的证券违法案件当中反映的一些值得关注的特点，关于“首恶”的界定有两个特点值得关注：

首先，控股股东和实际控制人的持股比例情况。目前证券市场上多发的违法行为中，很多都是控股股东和实际控制人的行为，或者是他们指使、操纵的行为。数据表明，控股股东的持股比例呈减少趋势，持股不到30%的控股股东是占比最多的，这就意味着控股股东实施违法行为时，可以“以小博大”，以较小的成本来获得最大的违法利益。

其次，控股股东和实际控制人中自然人占比高，尤其是实际控制人中自然人占比达到了50%以上。自然人和机构法人相比，受的制约相对较小，个人获利的可能性比较大，从某种意义上来说，也刺激了这些作为自然人的控股股东和实际控制人，他们可能为追求自身利益而去从事违法的行为。

（二）贯彻“追首恶”需要把握的问题

首要需要明确投保机构在代位诉讼中的地位和作用。投保机构具有公益机构的性质，法律对投保机构在诉讼上的限制很小，其享有的诉讼权利主要来自法律的授权，也意味着可以自主地行使民事诉讼的处分权。因此，投保机构在贯彻“追首恶”的诉讼中，可以发挥较大的主观能动性，对诉讼进程的可控性强，具有主导诉讼进程的能力。我认为有以下三个问题需要注意和把握：

第一，两类诉讼的启动顺序的选择。两类诉讼实际上是指投保机构可以直接以当事人身份参加的诉讼，包括股东代位诉讼和代表人诉讼。两类诉讼比较起来各有特点，代表人诉讼中的特别代表人诉讼一定要非常审慎，因为它可能造成对上市公司的二次伤害，也就是少数人的违法行为可能由多数人来买单，或者说控股股东和实际控制人的违法行为最终可能由上市公司的全体股东来买单；前手股东的损失由后手股东买单。另外，这种诉讼由于需50位以上的股东授权后，投保机构就具有代表全体股东提起诉讼的特点，因此被称为具有“核弹级”的杀伤力，可能伤及无辜。比较而言，代位诉讼最能够体现“追首恶”的特点，矛头集中在违法的控股股东和实际控制人，因此在两种诉讼都可以启动时，投保机构一定要权衡利弊，可以考虑优先启动代位诉讼。

第二,重点案件的选择。实践中有两类案件,多为控股股东和实际控制人操纵的情况,符合“追首恶”的特点。一类是虚假陈述和欺诈发行的案件,另一类是违法关联交易的案件。当这两类案件受控股股东和实际控制人的操纵时,公司内部很难对其提起索赔的诉讼。如公司的中小股东出于集体行动障碍,难以对其启动股东代表诉讼,恰好为投保机构提供了作为的空间。对于虚假陈述和欺诈发行的案件,由于上市公司作为民事责任的第一承担者,代位诉讼的损失赔偿额须以其他诉讼的判决结果为前提,因此,可以考虑在这类案件中采取代位诉讼和其他诉讼并进的方式。代位诉讼的损失赔偿额可以直接以行政罚款作为依据,比如,按照2019年《证券法》进行的行政罚款,数额非常高,有其作为依据,就可启动代位诉讼。如果等到其他诉讼有了结果才启动,一旦其他诉讼进行中出现上市公司破产情况,对控股股东和实际控制人的追索就可能落空。这种情况在实践中已经出现,由于特别代表人诉讼具有“核弹级”的杀伤力,上市公司难以承受,如康美药业据称已申请破产。

对关联交易案件,由于它表现为控股股东和实际控制人利用违法关联交易方式转移资源、掏空上市公司。投保机构可以适用《公司法司法解释(五)》来启动代位诉讼,根据2019年《证券法》第94条和《公司法》第151条的规定,投保机构不仅可以不受持股比例和持股期限的限制,而且可以不履行《公司法》第151条规定的前置程序(书面请求监事会)而直接提起诉讼。

第三,区分国有公司和非国有公司“追首恶”原则适用的不同的情况。上市公司存在国有公司和非国有公司之分,我们前面谈到的追索的方式是针对非国有公司而言的,国有公司的控股股东和实际控制人是国家机关,或者是国资委,抑或是其他的国有出资的主体,这些机构不具有损害公司和中小股东利益的动机,不同于自然人作为实际控制人和控股股东。国有公司在证券违法案件当中的情形,主要是因为“代理链条长”而出现的“内部人控制”问题,也就是在股权分散这种情况下出现的问题,即作为国有股东代理人的董事长总经理等管理层人员出现的违法行为,而且这种违法行为主要是不尽职尽责,当然也有以权谋私的问题,这从目前披露的不少国有公司的案例当中就可以看出。因此,国有公司出现证券违法行为时,“追首恶”的对象不一定是控股股东和实际控制人,而往往要直接指向作为公司负责人的董监高,尤其是公司的董事长、总经理等高层管理人员,这在具体追责的时候需要注意。

最后我的结论为“追首恶”是股东代位诉讼的重要任务和目标,而投保机构于此方面将大有作为。我的发言完毕,谢谢!

议题3：当前投保机构股东代位诉讼的主要障碍与应对建议

深圳中院金融法庭庭长袁银平在第四届中小投资者服务论坛投保机构股东代位诉讼实务探讨专题论坛上的发言

袁银平 *

各位领导、各位嘉宾：

非常高兴受邀参加第四届中小投资者服务论坛。2019年《证券法》第94条第3款明确了投资者保护机构作为原告提起股东代位诉讼的法定地位，并放宽了相应的资格限制条件。正确理解和适用这一条款，推动这一创新性的投资者保护制度落地实施，必须结合《民事诉讼法》、《公司法》及其相关司法解释以及2019年《全国民商事审判工作会议纪要》的相关规定，研究破解诉讼程序方面的障碍性因素。因时间关系，仅就其中五个程序方面的问题作一简单发言。

第一，关于前置程序。《公司法》对普通的股东代位诉讼规定了前置程序，投保机构提起代位诉讼，是否仍需要履行上述前置程序，有三种不同认识：第一种观点认为，就股东代位诉讼而言，《证券法》的相关规定是新法、特别法，应当优先适用。《证券法》关于投保机构提起代位诉讼，并没有前置程序的表述，因此投保机构可以直接提起股东代位诉讼，不需要履行前置程序。第二种观点认为，应当区分不同情况，当投保机构向董监高提起股东代位诉讼时，应当遵守《公司法》关于前置程序的规定；向控股股东、实际控制人提起股东代位诉讼时，则不需要履行前置程序。第三种观点认

* 深圳市中级人民法院金融法庭庭长。

为,投保机构以股东名义代位提起诉讼,与其他普通股东代位诉讼并无实质区别,因此同样应当履行前置程序。

本人认为,《公司法》规定关于股东代位诉讼的前置程序,其中一个考虑是为了避免股东滥诉情况,因此对有权提起代位诉讼的股东资格进行了限制。但《证券法》关于投保机构代位诉讼的规定,专门豁免了投保机构在持股比例和持股期限方面的限制,凸显了投保机构的特殊定位,因此有必要对投保机构代位诉讼的前置程序作重新考虑:一是基于股东代位诉讼的制度逻辑,考虑该类诉讼的"派生性""代表性",建议投保机构提起代位诉讼时先履行前置程序为宜;二是基于前置程序设置的制度目的,考虑投保机构这一特殊主体的公益性质,建议将履行前置程序中的"书面请求"监事会、董事会等提起诉讼改为"书面建议"形式;三是基于法律落地实施的需要,考虑相关法律规范的可操作性,建议对包括投保机构在内的股东可以豁免前置程序的特殊情形予以明确。

第二,关于起诉事由。投保机构提起股东代位诉讼的事由,简单表述就是董监高或者控股股东、实际控制人给公司造成损失。如何理解"给公司造成损失",实践中需要解决两个问题:

一是给公司造成的损失是否需要经过在先的诉讼或者仲裁确认?以证券虚假陈述行为为例,公司的损失既包括直接的显性损失,如对投资者的经济赔偿;也包括间接的隐性损失,如商业信誉损失等。间接的隐性损失在实践中很难估算,即使是直接损失,现实中也会有部分投资者放弃向公司追索。基于诉讼请求明确性的要求,公司损失必须是确定性的,而不能是或然性的。因此,投保机构提起代位诉讼时,公司所遭受的直接损失应当经在先的诉讼、仲裁所确定。当然,也可以包括在先的调解方案确定的赔偿。

二是公司的损失是否必须是已经履行到位的损失?生效的法院裁决,在未自动履行时,仍然需要权利人主动申请强制执行,因此,理论上存在权利人放弃要求公司履行义务的可能性。也就是说,只有公司兑现了赔偿义务,才能对董监高等人提起诉讼,也才会有股东代位诉讼。但特殊情况下,如在公司面临数额巨大的赔偿时,如果要求公司先行履行赔偿义务,可能使公司面临退市风险甚至破产可能;如果允许公司提起诉讼或者股东代位诉讼,可以避免前述情况,是否可以考虑灵活处理?至少这是一个值得研究的问题。

第三,关于管辖法院。这里也有两个问题:一是地域管辖问题。《民事诉讼法》及其司法解释明确部分公司纠纷由公司住所地法院管辖,但并未明确损害公司利益责任纠纷的地域管辖法院,自然也导致股东代位诉讼的地域管辖面临选择问题。投保机构代位诉讼的被告,是董监高或者控股股东、实际控制人,按照《民事诉讼法》相关规定,原则上应由被告住所地法院管辖。鉴于一个案件中存在多个被告的可能性,投保机构、其他股东分别向不同被告提起代位诉讼的可能性,以及该类诉讼中公司应当作为第三人参加诉讼的规定,建议从诉讼便利经济的角度考虑,将该类案件统一明确至公司住所地法院管辖。

二是关于级别管辖问题。以证券虚假陈述民事赔偿案件为例,该类案件由部分中级人民法院专属管辖。在先诉讼的证券虚假陈述民事判决中,如果明确了公司和董监高等人的责任比例,公司先行承担责任后再向董监高个人进行追偿或者由股东提起代位诉讼进行追偿,此时由公司住所地基层人民法院受理也是可行方案。但如果在先诉讼的民事案件中判决公司和董监高负全部连带责任,未区分责任比例,或者在先的案件中投资者仅起诉了公司,并未起诉董监高等人,受理法院不仅会面临要在案件审理中审查判断各责任主体对虚假陈述行为的责任大小问题,也会面临与前述有管辖权的中级人民法院后续受理相关案件裁判结果的协调问题。因此,建议对投保机构提起的代位诉讼,应当视在先判决具体情况,再行确定管辖法院。

第四,关于并案处理。按照《公司法司法解释四》相关规定,股东代位诉讼中,如果有其他符合条件的股东亦提起代位诉讼,或者申请参加已经开始的代位诉讼,应当作并案处理。但是,股东提起代位诉讼后公司还能否以自己名义提起诉讼,实践中颇有争议。有观点认为,股东提起代位诉讼,并不意味着公司丧失诉权,公司以自己名义提起诉讼的权利不能被剥夺。投保机构提起代位诉讼后公司又以自己名义起诉的,可以合并审理。也有观点认为,在投保机构已经提起代位诉讼的情况下,不应允许公司再提起诉讼。从纠纷化解的实务出发,本人同意后一种观点。主要的理由:首先,在投保机构代位诉讼中,投保机构是以自己名义代表公司提起诉讼,行使的是公司的请求权,判决的利益也全部归于公司。此种情况下,公司再以自己名义提起诉讼,事实上构成重复起诉;其次,如果允许股东和公司成为共同原告,不仅不符合代位诉讼的诉讼构造理论,也会导致不同原告之间诉求不一,被告对股东的反诉、对公司的反诉互相交织,法律关系复杂,人为增加案件处理难度;最后,代位诉讼中公司已作为第三人参加诉讼,诉讼权利能够得到保障。因此,投保机构提起代位诉讼后,法院不应再受理公司提起的诉讼。

第五,关于与在先诉讼的衔接。仍以证券虚假陈述为例,《证券法》第85条明确上市公司具有虚假陈述违法行为时,其控股股东、实际控制人与董监高在不能证明自己没有过错的情形下,应当与发行人承担连带责任。如果投资者直接向董监高或者控股股东、实际控制人要求赔偿,就不会发生后续的股东代位诉讼问题。但投资者从诉讼效益考虑,在绝大多数情况下还是会选择上市公司作为被告甚至是唯一被告。

如何把在先诉讼中的"追首恶"制度与后续的代位诉讼制度有机衔接,是有必须考虑的一个现实问题。投保机构具有公益性质,在相关案件中有责任也有能力更好发挥作用:一是投保机构可以通过支持诉讼或者特别代表人诉讼方式,在诉讼中将董监高或者控股股东、实际控制人列为第一被告或者位次在前的被告,要求上述人员先承担赔偿责任;二是尽可能通过在先诉讼明确董监高或者控股股东、实际控制人的责任比例,减少后续代位诉讼的诉讼难度;三是在先诉讼中申请财产保全的,尽可能优先申请查扣直接责任人的个人财产,申请执行时先行申请执行直接责任人的个人财产,切实减少公司"代为"担责后再行诉讼甚至代位诉讼才能落实"首恶"责任的情形。

以上发言,不妥之处,敬请批评指正。

中国人民大学法学院教授叶林在第四届中小投资者服务论坛投保机构股东代位诉讼实务探讨专题论坛上的发言

投保机构发起代位诉讼的主要障碍与应对建议

叶　林*

股东代位诉讼,是指在公司董监高违反忠实和勤勉义务的情况下,由具有法定资格的股东为了公司利益并且代表公司,向违反义务的董监高提起的一种特殊诉讼形式。一般来说,上市公司董事、监事和高级管理人员是公司利益的代表者,他们站在公司利益立场上,决定应否向违反义务之董监高提起诉讼。但是,公司董监高有时就是违反义务者,或与其存在密切关系,因而不愿意向违反义务的董监高提起诉讼。此

* 中国人民大学法学院教授。

等情形下，根据《公司法》《证券法》的规定，符合法定条件的股东可以代位向违反义务之董监高提起诉讼，以保护公司整体权益。就此而言，股东代位诉讼，实际上是在董监高违反义务的情形下，依法重新分配公司代表权的一种诉讼形式。

一、股东代位诉讼的基本规则

我国 2005 年《公司法》在第 151 条首次规定了股东代位诉讼规则，但基于对公司通常代表权的尊重，特别规定了股东提起代位诉讼的前置程序。按照该 151 条第 1 款的规定，符合条件的股东在提起代位诉讼前，应当书面请求监事会、不设监事会的有限责任公司的监事向人民法院提起诉讼，起诉违反《公司法》规定的董事和高级管理人员，也可以书面请求董事会或者不设董事会的有限责任公司的执行董事向人民法院提起诉讼，起诉违反《公司法》规定的监事。

按照《公司法》第 151 条第 2 款规定，监事会、不设监事会的有限责任公司的监事，或者董事会、执行董事收到前款规定的股东书面请求后拒绝提起诉讼，或者自收到请求之日起 30 日内未提起诉讼，抑或情况紧急、不立即提起诉讼将会使公司利益受到难以弥补的损害的，符合前款规定条件的股东有权为了公司的利益以自己的名义直接向人民法院提起诉讼。

需要指出，《公司法》第 151 条第 1、2 款是普遍适用于有限责任公司和股份有限公司股东代位诉讼的一般规定。然而，该一般规定有时难以满足上市公司股东代位诉讼的特殊需求。为此，《证券法》第 94 条第 3 款首次规定投保机构可以发起股东代位诉讼。按照该款规定，“发行人的董事、监事、高级管理人员执行公司职务时违反法律、行政法规或者公司章程的规定给公司造成损失，发行人的控股股东、实际控制人等侵犯公司合法权益给公司造成损失，投资者保护机构持有该公司股份的，可以为公司的利益以自己的名义向人民法院提起诉讼，持股比例和持股期限不受《中华人民共和国公司法》规定的限制”。按照该规定，持有公司股份的投保机构，可以代表公司，向公司董监高以及控股股东或实际控制人提起代位诉讼。

《证券法》第 94 条第 3 款是一个崭新条款和规则，也是对《公司法》第 151 条股东代位诉讼之个别事项作出的特别补充规定。因此，在狭义上，可以把《公司法》规定的股东代位诉讼简称为“一般的股东代位诉讼”，把《证券法》规定的股东代位诉讼简称为“特殊的股东代位诉讼”或者“投保机构代位诉讼”。由于《证券法》规定的投保机构代位诉讼是一项崭新规则,投保机构如何结合《公司法》和《证券法》关于代位诉讼的规定,更好使用代位诉讼这一新型制度工具,已成为必须回答的重大问题。

二、投保机构代位诉讼的要素

(一)投保机构代位诉讼的前置程序及其豁免

如前所述,《公司法》第 151 条规定了股东代位诉讼的前置程序及豁免前置程序的规则。《证券法》规定了投保机构是提起股东代位诉讼的适格主体,但投保机构在发起代位诉讼前,应当努力用好《公司法》规定的前置程序。原因在于,投保机构是我国创新投资者保护制度的重要机构,经过多年实践,已形成良好的社会声誉,绝大多数上市公司和市场主体高度尊重投保机构的建议和意见。在投保机构向公司提出书面请求时,上市公司往往能够作出认真或积极回应。即使公司董事会或监事会决定不向董监高提起诉讼,通常也会向投保机构讲明不起诉的理由。因此,投保机构提出请求,这本身就是对上市公司治理的重要推动。当上市公司作出回应并讲明原因后,投保机构可以根据回应情况再予评议。

(二)投保机构作为股东代位诉讼的原告

针对股东代位诉讼的原告资格,《公司法》第 151 条第 1 款作出一般规定,即必须是“有限责任公司的股东、股份有限公司连续一百八十日以上单独或者合计持有公司百分之一以上股份的股东”。《证券法》特别规定了投保机构作为代位诉讼合格原告的条件,并规定投保机构只要持有上市公司股份,无论持股数量和持股期限如何,都可以成为这种特殊的代位诉讼的原告。

我国投保机构目前主要是投服中心和投保基金。其中,投服中心多年前已启动“持股行权”机制,即通过买入股份方式成为上市公司股东,并再以股东身份参与上市公司治理。截至目前,投服中心已持有了境内几乎全部上市公司的股份,当然是投保机构代位诉讼的合格原告。至于投保基金,其虽未实施持股行权机制,但是,根据《证券法》关于投保机构发起代位诉讼不受持股时间和持股数量限制的规定,投保基金在理论上,可以采用先买入上市公司少量股份,再发起代位诉讼的策略。当然,如果投保机构专为诉讼而买入股份,人民法院对此做法究竟持有何种态度和立场,有待进一步观察。但从《证券法》的文义角度出发,这种做法是符合法律规定的。

(三)投保机构代位诉讼中的被告

《公司法》第 151 条第 1 款规定的合格被告是违反《公司法》第 149 条规定的“董

事、高级管理人员”以及监事。换言之,凡违反忠实义务和勤勉义务的董事、监事和高级管理人员都是适格被告。这一规则不仅符合上市公司通常由董事、监事和高级管理人员管理或监督的实际情况,也是各国股东代位诉讼的通常做法。然而,投保机构在提起代位诉讼时,应当特别关注适格被告的具体范围,即在特定案件中对于适格被告作出甄别。

针对适格被告的范围,《公司法》已经作出概括规定,投保机构在具体选定被告时,应当注意划分董事、监事和高级管理人员的集体责任和个人责任。在有些情况下,的确是全体董监高违反忠实和勤勉义务,甚至应当共同承担集体责任,但在有些时候,只是个别或少数董监高违反忠实和勤勉义务,此时,投保机构仅应向违反义务的个别董监高提起代位诉讼。投保机构在启动代位诉讼中,不宜简单采用将全体董事、监事和高级管理人员列为被告的做法。

《证券法》在此基础上,增加了将上市公司控股股东和实际控制人作为适格被告的规定,扩张了适格被告的范围。一方面,《证券法》明文将控股股东和实际控制人列为适格被告,这一特别规定充分考虑了我国上市公司股权结构及其特点。在实务中,我国上市公司多为股权集中型公司,容易出现控股股东和实际控制人过分干预公司事务的情况;另外,我国曾出现控股股东或实际控制人占用上市公司资金等情况,应该说,追究控股股东和实际控制人的责任,在立法上已经达成共识。另一方面,控股股东和实际控制人是一个事实概念,需要法官和监管者结合个案情况作出具体判断。以控股股东为例,它有时指绝对控股的股东,有时指相对控股的股东,有时也可以指持股虽少但享有董事或监事提名权的股东;再以实际控制人为例,它与公司、股东、董事、监事和高级管理人员之间,可能存在不同类型和形式的控制关系,也需要结合案件实际情况作出判断。就此而言,在认定某人是否是控股股东和实际控制人时,通常会在认识上出现重大分歧和争议。

三、投保机构发起代位诉讼时的选择

代位诉讼既是一种诉讼形式,也是合格股东享有的一种股东权利。股东代位诉讼的直接目的在于保护公司利益或公司整体利益,而不在于直接保护股东个人权利和利益。当然,股东代位诉讼在客观上有助于保护股东个人利益,但其关注的利益仅限于公司利益或整体利益,而不是股东个人利益。正因代位诉讼不直接保护股东个人权利和利益,股东却关注个人利益多于公司利益,股东提起代位诉讼存在举证困难,甚至要花费较高的诉讼成本,因而,在实务中,股东很少发起股东代位诉讼。

结合股东代位诉讼的实践情况,投保机构在发起代位诉讼时,应当注意四点:

(一)站在公司利益立场上作出判断

《公司法》和《证券法》在规定代位诉讼时,都采用了公司利益或公司合法权益的概念,这说明代位诉讼旨在保护公司利益,不在于保护股东个体利益。针对股东个体利益,股东可以直接提起诉讼。一是个别股东可以依据《公司法》第 152 条提起诉讼,该条规定为"董事、高级管理人员违反法律、行政法规或者公司章程的规定,损害股东利益的,股东可以向人民法院提起诉讼"。二是《公司法》第 20 条规定了股东起诉股东的一般规则。然而,保护公司整体利益,才是代位诉讼的基本功能。由于整体利益不等于个体利益,投保机构在发起代位诉讼时,必须善于发现代位诉讼中的"公司利益"及公司利益受损的事实。

(二)鼓励股东自行主张代位诉讼

投保机构代位诉讼规则,是股东代位诉讼一般规则的补充。因此,在实务中,应当以股东发起代位诉讼为原则,以投保机构发起代位诉讼为例外。一方面,投保机构应当充分论证发起代位诉讼的必要性和合理性;另一方面,投保机构应当清醒地认识到其"补充代位诉讼"的地位。换言之,凡能通过股东代位诉讼予以解决的诉讼,凡更适于股东提起代位诉讼的,投保机构应当尽力采用支持诉讼等形式予以参与,而未必要自己发起代位诉讼。我国投保机构已在支持诉讼上积累了不少经验,今后需要继续总结经验,拓宽支持诉讼的适用范围。由于我国上市公司数量众多,如果过分突出代位诉讼,最终可能出现投保机构代位诉讼取代了股东代位诉讼的结果,这不仅有悖投保机构代位诉讼的制度初衷,也使投保机构不得不承受难以承受之重,从而弱化了股东代位诉讼的作用。

(三)关注股东代位诉讼的重大障碍

股东发起代位诉讼时,难免在持股时间、持股比例、诉讼成本上遇到各种障碍。其中,有些障碍是股东可以解决或适合于股东自行解决的,有些障碍是股东难以解决或无力解决的。根据《公司法》规定,提起代位诉讼的适格股东,限定于"有限责任公司的股东、股份有限公司连续一百八十日以上单独或者合计持有公司百分之一以上股份的股东"。从实践来看,这个法定门槛已经构成股东代位诉讼的一个障碍。

如果拟发起代位诉讼的股东能够满足上述条件,就应当尽力交由股东自行决定是否提起代位诉讼。但当公司利益受损严重、股东无法满足代位诉讼法定门槛要求的，投保机构则应考虑提起投保机构代位诉讼，从而弥补《公司法》诉讼门槛的特别限制。与此同时，投保机构在决定发起代位诉讼时，必须同时斟酌案件的重大性和典型性。由此，投保机构在提起代位诉讼时，应当主要考虑三个因素，第一，公司利益受损害的程度；第二，股东是否因法定门槛而无法提起代位诉讼；第三，案件是重大和典型的。

（四）慎重对待向控股股东和实际控制人发起的代位诉讼

如前所述，《公司法》和《证券法》规定的代位诉讼分为两种：一是针对董监高发起的代位诉讼；二是针对控股股东或实际控制人发起的代位诉讼。然而，董监高与公司之间的关系，显然不同于控股股东和实际控制人与公司之间的关系。投保机构在向董监高、控股股东或实际控制人发起代位诉讼时，需要在法理上作出澄清和论证。

一方面，董监高与公司之间存在信义关系，这主要是《公司法》第 147 条规定的忠实义务和勤勉义务。但是，在控股股东和实际控制人与公司之间，通常不认为存在信义关系，学术界也未形成控股股东向上市公司承担忠实或勤勉义务的共识，因而，在发起针对控股股东和实际控制人的代位诉讼时，不宜简单参照以董监高为被告的代位诉讼规则，必须兼顾这种诉讼的法理依据。

另一方面，控股股东、实际控制人与公司之间的关系异常复杂，可再分为两类：一是因参与公司重大事务决策权而与公司发生利益冲突，例如，反对公司合并，或者反对分红；二是与公司之间存在交易关系，例如，控股股东或实际控制人占用上市公司资金，或者与公司之间存在关联交易乃至同业竞争。针对上述交易关系，我国现行法规定了其他的规制措施，不能将控股股东、实际控制人与公司的关系简单归结为信义关系，必须充分考虑其中的交易法、侵权法因素，因而，需要综合控股股东、实际控制人与上市公司的具体关系和相关事实作出综合研判，尤其应当关注监管机关已经作出的行政处罚。

综上，我国《证券法》规定的投保机构代位诉讼，不仅有别于《公司法》规定的股东代位诉讼，也有别于多数域外国家规定的股东代位诉讼，是我国保护投资者利益的重要机制。在实践中，需要不断积累经验。投保机构在发动代位诉讼时，也应当谨慎作出抉择。

清华大学法学院教授朱慈蕴在第四届中小投资者服务论坛投保机构股东代位诉讼实务探讨专题论坛上的发言

股东代位诉讼是投服中心维护中小股东利益的重要渠道

朱慈蕴*

非常高兴今天能有机会参加第四届中小投资者服务论坛,并在论坛上作演讲。我今天要演讲的题目是《股东代位诉讼是投服中心维护中小股东利益的重要渠道》。我们知道 2019 年修订的《证券法》,在第 93 条、第 94 条、第 95 条分别提出了几条维护上市公司中小股东利益的渠道,这几条渠道其实都是投服中心可以用来保护中小股东利益的渠道。

根据投服中心官网的数据,截至 2021 年的 6 月底,以投服中心名义,即以公司的股东名义起诉的案例有一件,但是该案件属于股东的直接诉讼。

2021 年 4 月,投服中心接受了康美药业案的投资者的委托,与法院进行了协商,将普通代表人诉讼转换为《证券法》第 95 条规定的特别代表人诉讼,这意味着特别代表人诉讼也有了实际发生的案例。

迄今为止,还没有一件投服中心以公司小股东的名义起诉的股东代位诉讼。那么为什么会这样? 我想有以下几个原因:

第一,我们应当要深入认识股东代表诉讼的特殊性,或者叫作股东代位诉讼,它具有特殊性。股东代位诉讼是一种间接的诉讼,直接维护的是上市公司的利益,间接地维护股东利益,所以这种相对间接性的方式,在以往可能重视的程度不够。

第二,股东代位诉讼的成本太高,小股东会缺乏推行这种股东代位诉讼的积极性。我们知道,股东代位诉讼是指股东以自己的名义,但是为了公司利益而提诉。如果胜诉了,追回的利益是归公司的;但是如果败诉,败诉的损失是由起诉的股东自己承担,这种诉讼成本会非常地高昂。

另外,我们也知道股东代位诉讼,它的胜诉率相对是比较低的,因为证据的获得

---

* 清华大学法学院教授。

有难度。

第三，从各国公司法的相关规定来看，其实对股东代表诉讼（或者代位诉讼）这一机制，它的态度是既鼓励又要防止滥诉，所以在程序规则都比较严格。比如，对提诉股东有持股比例的要求，也有持股时间的要求，还有前置程序的要求等。以上三个原因导致股东代位诉讼在我国公司诉讼中不是很普遍。

就上市公司而言，虽然股东代表诉讼具有特殊性，是悬在董事、高管或者控制股东、实际控制人头上的一把"剑"。但是我们也注意到了，这样的诉讼在我们的上市公司当中却少之又少，除上述三个原因外，还有以下原因：

一是上市公司强制规则较多，这样对董事、高管、控制股东等滥用权利而牟取私利，并损害公司利益的行为予以遏制比较有效，所以相对而言上市公司董事、高管、控制股东违法违规行为或者违反受信义务的场合相对会比较少。当然发生股东代位诉讼的可能性也会相对比较少。

二是由于上市公司的这个强制程序规定比较多，所以在判断对上市公司是否构成侵害时，其实往往会有程序规则的保障，甚至以程序审查替代实体审查。换言之，董监高或者实际控制人是否损害公司利益，对是否违反程序的审查比较强，而在实体规则上往往审查得比较弱。这样一来，在上市公司中追究董监高或者实际控制人的不当行为且已经损害了公司利益的成功率可能就更低。

三是上市公司股权结构相对分散，这样对单个小股东来说，其起诉的门槛就相对较高。比如，《公司法》的要求是1%（可以合并），还有持股时间的要求。这极大地影响了小股东起诉的积极性。加之诉讼成本高，诉讼风险也较高，回报率就更低了。如果胜诉了，直接收回的利益归属公司，对起诉股东来说，也只是在1%的范围内间接地影响其利益。

四是小股东在上市公司中是信息弱势的一方，所以想要收集胜诉的证据，其实难度还是很大的，这也是一个重要的影响。

综上，在实践中，公司股东代表诉讼案例至今都非常少。在"北大法宝"官网上搜近5年的案例，涉及的股东代表诉讼的有729个，对象几乎都是有限责任公司，股份公司很少，上市公司没有一例。但是根据上市公司年报披露的信息，我们查到了近5年内有5个相关的案例，不知道这些案例是还在诉讼程序中，或是还没有进入诉讼程序。通过公司的信息披露，表明至少有小股东存在提出股东代位诉讼的意愿。

前些年曾经有过三联集团的案件。三联集团的小股东诉大股东侵害三联集团的商标权,提起的是股东代表诉讼,但是最后的结果是败诉。所以从目前来看,上市公司确实在这方面案例比较少,以投服中心为代表提起的这类股东代表诉讼还没有一个成功的案例。

但是总体上来说,投服中心在股东代位诉讼中是大有可为的,原因如下:

第一,这是由投服中心的成立宗旨决定的。因为投服中心成立之初,其主要职责之一就是要以股东身份或证券持有人身份行权。而在行权的服务当中,投服中心就特别关注上市公司中控股股东或者实际控制人等相关方是否会通过重大重组、关联交易、占有资金、违规担保等侵害上市公司行利益,这是投服中心成立的宗旨,就决定了它肩负的一个责任。

第二,我们也注意到投服中心是所有上市公司当中非常强悍的小股东。我这里用了“强悍”这个词,是相对其他小股东而言的。因为根据投服中心的《行权工作规则》,投服中心持有所有上市的 A 股上市公司的股票,每个公司都可以持有一手股股票。那么从这个角度来讲,投服中心应该全面地了解所有上市公司它的运行现状,由此也使它能够掌握一些带有规律性的基本信息,所以比较有利于它把握什么是上市公司当中中小股东关注的热点问题。

第三,同样相对其他小股东来说,投服中心的背景也有利于它破除信息不对称的劣势。在某种意义上来讲,投服中心的实力以及它的公益目标使它可以不拘泥于股东代表诉讼的成本考量。

第四,投服中心可以通过股东代位诉讼促进上市公司完善公司治理。比如,在最近一个案例中,虽然投服中心没有真正地去对公司提起股东代表诉讼,但是他成功地督促了上市公司自己主动对损害上市公司利益的董事、高管、实际控制人起诉。即在美丽生态案中,在投服中心的敦促下,美丽生态公司对它的大股东、董事长,提出了追究其返还对公司造成侵害的损失之直接诉讼,这其实就起到了维护上市公司利益,进而维护广大中小股东利益的目的。也就是说,投服中心可以敦促上市公司主动追究那些侵害上市公司利益的不当的行为,这是非常有意义的。

所以在我们的上市公司中,投服中心其实在通过股东代表诉讼机制保护中小股东方面大有可为。

但是我认为,投服中心要想在股东代表诉讼领域中更好地作为,还有很多需要改进的地方。

第一,我认为投服中心应当将所有侵害公司利益的行为纳入自己的法眼。

我注意到投服中心的主旨还是从证券法的角度来考虑怎么样更好地维护中小股东的权益,所以其比较关注中小股东反应比较强烈的一些事项。如投服中心《持股行权工作工作规则》第15条也指出,投服中心可以行权的事项有中小投资者反应强烈的事项、侵害中小投资者合法权益且具有典型性示范性的事项、舆论关注的重点难点、热点事项等。

显然投服中心行权的案件,大多数都要求是舆论关注的重点。

再结合该规则第19条的规定,达到这一舆论要求的案件,通常都是影响比较大的案件,一般都会通过行权立项会来进行决策。但结合《证券法》第94条第3款的规定,它所要求的是公司的董监高、控股股东还有实际控制人,给公司造成损失的情况。实际在这种情况下投服中心就有机会提出股东代表诉讼,但是若需判断它是否构成重大标准,是否达到舆论要求,是否经过立项会决策等,就不一定了。

实际上我们知道有些上市公司利益被侵害是公司内部人所为,可能有不确定性及隐蔽性,那么这与立项会的决策事项所要求的舆论重大或者是明确性是不是有所冲突呢?这一点也是值得我们进一步去考虑的,因为股东代表诉讼的重点应在于对内部人的关注,不一定必须是舆论影响较大的案件。

第二,我认为投服中心的职责可能存在重叠,这对股东代表诉讼也会造成一些影响。比如,我们知道《证券法》第93条、第94条、第95条等规定,实际上预示着投服中心可以小股东的名义直接诉讼,也可以提起特别代表人诉讼,还可以提出我们现在所讨论的股东代表诉讼。

那么假设在一个上市公司虚假陈述的案件中,投服中心可能以普通诉讼人或特别代表人的身份提出了或者参与了相关案件,若此时再提出股东代表诉讼,起诉方是要提出相应的证据及损害的数据,在提出这些证据和数据的时候,会不会导致投服中心在以不同的角色参与诉讼的过程中,产生一些职责上的冲突?甚至可能影响它的客观性和中立性?这是我的一个考量。

第三,我们要注意《证券法》和《公司法》的不同,对投服中心参与股东代表诉讼的影响也应当重视。因为《证券法》是调整证券发行和交易的规范,在这一规范当中信息披露是它的核心和灵魂,所以《证券法》一般不会直接规范公司内部人的关系或者内部的关系,而主要是通过信息披露的规范,去间接地要求公司内部人遵守的一些规则。正好相反,《公司法》是以对内部人的规范为灵魂的。投服中心就应当认真研究公司当中,如以公司的内部人来提起股东代表诉讼时,怎么把握相关的信息。比如,如何更好地发挥股东知情权还有质询权。只有充分地利用这些权利,才能够更好地把握公司被内部人侵害利益的时候,提起股东代表诉讼时能获得证据。这一点我认为可能还是要更多地去研究《公司法》中的这一规则的要求。

第四,我认为投服中心应当认真地研究信义义务,推动上市公司的公司治理完善。当然我们也知道在《证券法》中,信义义务主要还是围绕信息披露而确立的,《公司法》当中它的信义义务主要是围绕公司独立人格来确立的,所以投资中心需要认真地研究信义义务在不同法域下有什么不同。比如,要区分《证券法》上关于信批当中相关人的信义义务与《公司法》中维护公司独立人格的相关人员信义义务之间的范围、内容、关注点有什么不同;同时还需要研究公司法中董监高对公司的信义义务和控股股东、实际控制人对公司的信义义务有什么不同。特别是后者,因为在上市公司中,后者对上市公司的利益侵害情形很普遍,但是他们的信义义务跟董监高的信义义务确实是有一些差异的,需要进一步研究。

除此之外,我认为投服中心可能要更关注商业判断规则在对公司信义义务的判断上的作用。因为对公司造成侵害,不一定意味着相关的责任人就需要承担责任,他可能要受到商业判断规则的保护。那么商业判断规则怎么确立、怎么运用?这也是我认为投服中心需要研究得更好、更深入的一个课题。

第五,应该是投服中心应当在股东代表诉讼中发挥主观能动性。正如前面所说,主要是因为投服中心远比其他中小股东具有更强的主观能动性优势。比如,2019年《证券法》明确规定,投服中心提起诉讼的持股比例不受约束,持股时间不受约束,这都给了投服中心非常有力的制度支撑。

如前所述,股东代表诉讼之所以在上市公司当中案件非常少,主要还是因为诉讼成本较高。那么关于这一点,我认为投服中心也可以以自己的名义申请法院在诉讼费用上作一些豁免处理,以便更好地推进股东代表诉讼。比如,促进法院接受股东代位诉讼实行固定诉讼费用,而非与诉讼标的的价值挂钩的做法。

当然,我们也知道投服中心参与股东派生诉讼或者股东代位诉讼,重要的不在于提出多少案件,我认为非常值得推广和宣传的是我们2021年能够促成美丽生物上市公司的这一案件,在这一案件中,公司主动对侵害公司利益的相关人员提起诉讼,这是最值得推荐的,也是投服中心发挥股东代位诉讼之机能的真正目的和作用。也就是说,我们希望投服中心利用这一规则,更好地促进上市公司的公司治理的完善。

我的发言到此结束,谢谢!

上海财经大学法学院教授、副院长葛伟军在第四届中小投资者服务论坛投保机构股东代位诉讼实务探讨专题论坛上的发言

葛伟军*

尊敬的各位领导、同人、朋友们,大家好!

首先感谢组织者的安排,并祝贺第四届中小投资者服务论坛顺利举行。本分论坛主要讨论投保机构股东代位诉讼。

股东代位诉讼,又称股东代表诉讼、股东派生诉讼。根据大陆法系的理论,当董监高侵害了公司利益的时候,他们就失去了代表公司的能力,此时有权代表公司的应当是股东。股东为了维护公司利益,而在公司被侵害人控制、无法起诉的情况下,可以以自己名义起诉,这被称为股东代表诉讼。根据英美法系的理论,股东有权起诉的权利,源于公司,所以又被称为派生诉讼。公司利益受损,首先应该由公司起诉,只有当公司无法起诉的情况下,股东才获得了起诉的权利。

一、投保机构股东派生诉讼的原理与框架

诉讼(或仲裁)是股东实现救济的最后一道防线。股东提起诉讼,有三个目的:实现或维护权利;谋取其他股东或公司收购其股权,而自己可以离开;矛盾非常激烈时,追求公司人格消亡,提起解散之诉。

股东诉讼分为两类,直接诉讼与派生诉讼。维护的权利性质不同,直接诉讼维护的是股东个体性权利,而派生诉讼维护的是股东集体性权利,公司权益。

股东派生诉讼具有准公益色彩。一旦胜诉,最终获利的是公司本身,而不是原告股东。那么,原告股东有什么动力起诉?大部分股东希望搭便车,不愿意承担成本,却想要分享胜诉的果实。现实中,股东派生诉讼的数量,尤其是针对股份有限公司的股东派生诉讼的数量非常少。

股东派生诉讼有四个要件:公司利益受到不法侵害、公司怠于或者拒绝追究侵害

* 上海财经大学法学院教授、副院长。

人的责任、原告以自己名义起诉、该诉讼为了公司利益。

如果不设门槛,持有一股也可以起诉(一股主义),很可能造成股东滥用派生诉讼。为了防止滥诉,法律规则的发展对原告设定了更多限制,例如,持股时间要求(同期所有权/当时持有/持续持有)、持股比例要求、提供诉讼担保的要求。此外,为了保护公司的权益,还发展出了不得秘密和解等规则。

投保机构(以投服中心为例),在每个上市公司中持有一股,也可以提起派生诉讼,这属于一股主义的例外。投服中心扮演机构投资者和公益股东的角色,具有公共组织的地位,提供公共产品,发挥智库作用。

投服中心的官网显示,其承担的一项职责是"公益性持有证券等品种,以股东身份或证券持有人身份行权"。由此可见,提起股东派生诉讼,是投服中心履行职责("持股行权")的体现,契合投服中心公益组织的地位,可以加强对董监高、控股股东、实际控制人等的监督,改善公司治理,避免恶意诉讼,维护公司合法权益。

法律框架:《证券法》第94条第3款,《公司法》第149条、第151条,《公司法司法解释四》,《九民纪要》。

1.《证券法》第94条第3款,直接规定了投保机构股东派生诉讼。第一,该款所称的董监高,应该包括已卸任的董监高。董监高的行为违反对公司的信义义务时,公司对该董监高的权利即已产生。不论嗣后行为人是否辞任了在公司的职务,都不影响业已存在的权利义务关系。第二,该款所称的发行人的控股股东、实际控制人等,属于《公司法》第151条第3款所称的"他人"。但是,他人的范围应当更宽泛,不局限于这两类。第三,持股比例和持股期限,突破了《公司法》的限制,更加有利于派生诉讼的提起。但是,该款并没有突破前置程序要求。即使是投保机构提起派生诉讼,也要适用前置程序。

2.《公司法》第149条是关于董监高执行公司职务时的违法行为,要对公司承担赔偿责任的规定。《公司法》第151条,规定了一般意义上的股东派生诉讼。区分了有限责任公司和股份有限公司的不同情形。也区分了两类不同的诉因,针对董高、针对他人。为派生诉讼设置了前置程序。

3.《公司法司法解释四》第23条至第26条,分别对公司的诉讼地位、胜诉利益归属以及派生诉讼胜诉酬金补偿请求权等,予以规定。

4.《九民纪要》第24条至第27条,分别对何时成为股东不影响其起诉、正确适用前置程序、股东派生诉讼的反诉和调解等,予以规定。

现实中,投服中心作为股东起诉的案例只有 1 个,海利生物案(直接诉讼/公司决议瑕疵诉讼)。关于派生诉讼的案例,目前还没有正式发生。

二、直接诉讼向派生诉讼的转换

投服中心的维权服务,主要包括证券特别代表人诉讼(投服中心受 50 名以上投资者委托,作为代表人参加的证券民事诉讼)、支持诉讼(投服中心作为支持机构,选择案件,委托诉讼代理人,支持权益受损的中小投资者依法诉讼维权)、股东诉讼(股东为维护公司或自身的合法权益而提起的诉讼,又分为直接诉讼和派生诉讼)。

在我国《公司法》下,股东直接诉讼的一个问题是,采取不完全列举的方式加以规定,如股东知情权诉讼、公司决议瑕疵诉讼等,缺乏一个比较统一的股东直接诉讼的标准。

英国法有一类诉讼,被称为对公司事务的不公平损害诉讼,属于股东直接诉讼。只要满足两个条件:一是股东利益受到损害;二是存在不公平损害的行为,那么该股东就可以向法院起诉,寻求救济。

股东权利,源于法律规定,或者章程或协议的约定。而股东利益,其范围比股东权利要广泛得多。有限责任公司的股东利益不仅体现在法律或章程中,而且还存在于股东之间私底下的协商、沟通和谅解中;股份有限公司或上市公司的股东利益则主要体现在法律或章程中。因此,股东权利受到侵犯时,利益必然受到侵犯;而股东利益受到侵犯时,权利不一定受到侵犯。

不公平损害的行为,主要体现为被排挤出管理层、不提供信息、不当操纵持股、过高的薪酬、不分红等。

不公平损害诉讼的原告,是利益受到损害的股东;被告一般是董事或控股股东,公司也可以作为被告,但是属于象征性的。法院可以颁布的命令主要包括 5 种,例如,被告要做某事,或者停止做某事;章程进行修改;要求公司或其他股东购买原告股东持有的股份,还有一种命令,就是允许原告以自己名义,为了公司利益而追究被告的责任。这一种命令相当于将股东原先提起的直接诉讼,转换成派生诉讼。

这种转换,一方面,节省了时间和精力,大大提高了效率;另一方面,也为保护股东权利的纠偏提供了必要的管道。如果法院查明原告不应该提起直接诉讼,应该提起派生诉讼,从而直接驳回原告的起诉,让原告重新提起派生诉讼,显而易见,耗时费力,浪费了不必要的司法资源。

我们可以探讨是否允许这种转换。允许转换的合理性在于,股东的个体性权利和集体性权利之间的界线,有时候比较模糊。换句话说,股东个人利益和公司利益之间的差别,有时候难以分清。为慎重起见,允许转换的前提,要控制在原告提起派生诉讼符合我国法律条件的范围内。

首先,允许转换应当以满足派生诉讼的要件为前提,即法院在审理直接诉讼过程中,确实发现不是股东个人权益而是公司权益受到了侵犯,才可以允许转换。

其次,允许转换可能将前置程序给规避了,所以允许转换的前提,是前置程序的规避是合理的,没有侵犯各方的利益;如果原告故意为了规避前置程序而提起直接诉讼,则要仔细审查,驳回起诉可能更为合理。

前置程序的设置,是各国的普遍做法。例如,英国法中的两阶段法,美国法中的董事会/诉讼委员会的事前审查,德国法以及日本法均要求股东先向公司提出请求,法国的专家监控机制等。《九民纪要》第25条指出,前置程序针对的是公司治理的一般情况,如果根本不存在这种可能性(公司有关机关根据股东的要求提起诉讼),那么可以不适用。这是对前置程序的弱化,一定程度上修改了《公司法》第151条的规定。仅凭会议纪要就能改变公司法条款,是否妥当,是否会损害公司法的权威性,不无争议。另外,前置程序的排除适用,客观上也没有一个准确的标准,会给实践带来很大的不确定性。

三、公司合规、董事义务与派生诉讼

近些年来,公司合规成了一个比较热门的话题。合规,是指公司及其员工的经营管理行为符合法律法规、监管规定和行业规范、公司章程和规章制度、国际条约和惯例、职业道德和行为准则等。公司在经营过程中,不仅自己要合规,而且督促员工、第三方以及其他商业合作伙伴也要合规。合规是公司为避免或减轻因违法违规行为而可能受到的行政责任、刑事责任,避免受到更大的经济或其他损失而采取的一种治理方式。

公司在经营过程中,要面临各种风险,例如,财务风险、法律风险、经营风险以及合规风险等。合规风险,是指公司及其员工因不合规行为,引发法律责任、造成经济或声誉损失以及其他负面影响的可能性。合规风险要比法律风险的范围更大。

通过合规治理,可以实现公司治理的目标,获得可持续发展;可以让公司承担社会责任,保护第三人利益;可以实现公司责任与员工、客户等多方责任的有效切割。例如,2017年,“合规无罪第一案”——兰州中院对雀巢公司员工侵犯公民个人信息一案作出终审裁定。雀巢公司员工为了抢占市场,通过拉关系、支付好处费等手段,从多家医院医务人员手中非法获取公民个人信息。到底是公司行为还是个人行为?到底是公司责任还是员工责任?公司是否有实施犯罪行为的“主观意志”。正是雀巢公司内部已经建立的合规管理体系(不允许员工未经正当程序或未经公司批准而主动收集公民个人信息),既排除了公司存在放任结果发生的问题,也否定了公司存在疏忽大意或过于自信的问题,成为公司不承担刑事责任的直接依据。

合规计划的基本要素有5个:第一,一套完整的商业行为准则;第二,比较成熟的合规组织体系;第三,合规防范体系;第四,合规监控体系;第五,应对体系。建立这些合规计划的主体,对外是公司,对内是谁?可以参考中央企业合规管理指引,对董监高等各个机关合规职责作了规定。例如,董事会应当推动完善合规管理体系,监事会应当监督董事和高级管理人员合规管理职责履行情况,经理层应当及时制止并纠正不合规的经营行为,按照权限对违规人员进行责任追究或提出处理建议。

一个重要的问题是,公司合规、董事义务与派生诉讼之间的关系。让公司合规,是不是董监高的义务?如果是,此类义务属于哪一类义务,忠实义务、勤勉义务、监督义务或其他?如果董监高违反了该义务,股东是否可以提起派生诉讼?

2019年8月5日,深圳美丽生态股份有限公司收到中国证监会的行政处罚决定书。投服中心支持两位投资者向时任董事长、实际控制人贾某某等提起证券虚假陈述民事赔偿诉讼。后经深圳中院调解结案。2021年1月7日,公司向两位投资者的全部赔付到位,但是贾某某没有实际分担责任。7月19日,投服中心向前海法院提起派生诉讼,被告知该院已于7月5日受理公司诉贾某某追偿调解金纠纷。这是投服中心与派生诉讼最接近的一次。

大部分虚假陈述案例,都是上市公司向投资者赔偿,而实际组织、策划、实施虚假陈述等证券违法行为决策的一般都是董监高、实际控制人。如果他们不用承担个人责任,这对公司及投资者来说是极不公平的。投服中心在维权中一直主张要追究个人责任。

《证券法》第85条规定,信息披露义务人对投资者承担赔偿责任,而董监高、实际控制人等与公司承担连带赔偿责任。“连带赔偿责任”并没有解决公司和董监高、实际控制人等之间的内部关系,以及内部责任分配。公司是一个拟制的组织,被控制在董监高、实际控制人等手中。公司因其违法行为导致对外赔偿责任,这部分可以看作公司的损失,而公司的损失,最终将由股东来承担。如果仅由公司赔偿,股东当然不满意;股东希望追究董监高、实际控制人的责任,从而挽回一点自己的损失。

有些学者讨论了董事的"监督义务"。2010年,在对南京中北(集团)股份有限公司的行政处罚中,中国证监会阐述了上市公司董事的"监督义务":既包括督促上市公司依照法律、法规规定和监管部门要求建立并完善信息披露制度,也包括通过日常履职和检查督促公司切实执行有关规则,还包括能够及时发现公司在信息披露上存在的问题、及时督促公司改正,对拒不改正的要及时向监管部门举报。

我国《公司法》第147条仅规定了董事的忠实义务和勤勉义务。那么,这个监督义务,是属于这两类义务的一种,还是一种崭新的义务?

董事监督义务,事实上是公司合规对董事职责的要求,是更为宽泛意义上的董事行为准则。公司合规对董事义务的影响,将体现在《公司法》第149条的修改之上。根据《公司法》第149条,董事、监事、高级管理人员执行公司职务时违反法律、行政法规或者公司章程的规定,给公司造成损失的,应当承担赔偿责任。显而易见,"法律、行政法规或者公司章程"的限定太过狭窄,结合公司合规的含义,应当将其边界拓展到法律法规、公司内部规章制度、国际条约和惯例、商业惯例和伦理规范等。"给公司造成损失的",这里损失,应当包括公司对外承担民事责任、行政责任以及刑事责任等。

据此可见,投保机构提起股东派生诉讼的事由,可以适当扩大。建议梳理在证券法的框架下,可归咎于董事之责任的情形包括哪些,即使由公司对外承担了责任(无论民事、行政或刑事),也应当转化为董监高的个人责任,即公司有权向他们追偿。

四、结　　论

投保机构提起派生诉讼具有天然的优势,派生诉讼应当成为投保机构履行职能的其中一个主要方向。直接诉讼和派生诉讼的目的根本不同,要注意这两类诉讼的转化。

投保机构虽然鉴于公益组织的特征而不存在敲诈诉讼的恶意,但是也要在因公司合规等新问题所导致的日益扩大的派生诉讼诉因，与可能存在的投保机构滥用诉讼之间寻求平衡。

谢谢！

新加坡管理大学法学院副教授、副院长张巍在第四届中小投资者服务论坛投保机构股东代位诉讼实务探讨专题论坛上的发言

张　巍*

各位领导、各位嘉宾：

很高兴能在线上参加第四届中小投资者服务论坛。本专题论坛的议题是“当前投保机构股东代位诉讼的主要障碍与应对建议”，这可能是一个偏重程序法的议题。但我本人对程序法了解较少，所以我今天还是想从实体法角度，来谈谈有关投服中心发起股东代位诉讼的一些想法，请大家指正。

2019 年《证券法》第 94 条第 3 款特别给予投服中心发起公司法上的股东代位诉讼的资格，可以说是在投服中心投资者保护的“武器库”中增添了一件新的“武器”。从现行法上看，至少有三种类型的诉讼可供投服中心选择，用来保护上市公司投资人的利益：一是证券纠纷特别代表人诉讼，二是投服中心作为股东享有的直接提起公司法诉讼的权利，三是公司法上的股东代位诉讼。因此，如何妥善地选择不同的诉讼形式，最有效地实现投资人保护的目的，也许是接下来投服中心在工作中值得认真考虑的问题。我在这里发表几点建议，仅供参考。

首先，我想谈谈法律上为什么要规定这样三种不同类型的诉讼。这主要可以从两个方面来考虑：一是为帮助人数众多的原告协调维权；二是为区别诉讼权利的归属。第一个方面最重要的是解决所谓集体行动困境的问题，也就是每个原告遭受的损害很小，诉讼带来的收益不足以抵偿诉讼的成本，因此，受害人没有起诉的动力，加害人也得不到应有的震慑。

从这个角度出发，法律设立了证券集团诉讼，也就是我们的证券纠纷特别代表人诉讼，也设立了公司法上的代位诉讼把股东的直接诉讼权利聚合起来。这些都是聚

---

* 新加坡管理大学法学院副教授、副院长。

沙成塔的手段,从前在讨论证券集团诉讼的时候也都提到过,今天我就不多展开论述了。还要加一句,就是法律设立的这些集体性诉讼除要激励原告方起诉外,也能希望减少重复诉讼,降低整体的社会诉讼成本,当然,实际效果未必如此,因为也可能滋生滥诉,这个从前也讲过。

第二个方面的主要问题是区分公司与股东。他们不仅在法律上是两个不同的主体,而且就实际经济关系而言,也有区别的必要。尽管一般说来全体股东有一个抽象的共同利益,就是将公司价值最大化,但具体落实到各个股东身上,由于每个人与公司可能处于多种复杂的关系之中,所以各个股东对公司的诉求可能很不一样。例如,同时是公司雇员的股东,就可能希望公司多提供一些职工福利,即使由此损失股价也不要紧。在极端情况下,有些股东的利益可能和提升公司价值无关,甚至是相反的。

正是因为有这种股东利益冲突的可能性,所以现代的公司治理采用了产权与经营权分离的基本原则。股东作为产权人把经营权交给专业的经理人,法律则要求经理人为全体股东的利益服务。这里说的全体股东利益实际上也是抽象的,本质上就是把公司的市场价值最大化,而这应该说也是投服中心保护投资人的基本立足点,投服中心考虑的不是具体的哪个股东的利益。

有了股东与公司的区分,当然也就有了股东与公司财产的区分,而提起诉讼,以求得司法救济这种权利,本身也是一种财产。于是,区分股东个人的诉权与公司的诉权就显得顺理成章。在一般情况下,作为一项公司财产,公司的诉权只能由董事会决定行使与否,就像公司不能替股东决定要不要行使股东个人的诉权一样。不过,董事们本身就可能给公司造成损害,从而成为公司要起诉的对象,这时如果再拘泥于股东和公司诉权的区分,就会因噎废食,所以,法律允许股东例外地行使公司的诉权,也就有了股东代位诉讼。

从这个角度看,股东代位诉讼的基础在于董事的利益冲突。换言之,如果董事没有利益冲突,股东应该是没有权利行使公司的诉权的,我们公司法上的股东代位诉讼制度对这一层逻辑体现还不够充分,《九民纪要》针对股东代位诉讼提出了前置程序的"可能性"问题,尤其是在最高人民法院民二庭对《九民纪要》的解释中,实际上已经触及了前置程序与董事利益冲突的问题,当然现在的解释仍旧要在《公司法》第151条的规定之下。

上面我简要谈了几种不同类型的诉讼各有什么样的功能,接下来我想再谈谈投服中心可以怎样考虑选择应用这几样诉讼"武器",来维护中小投资者的权益。第一是要把握个体诉讼与集体诉讼的关系，集体诉讼有助于激励原告方起诉，也能避免重复诉讼，这是它的好处。当然我这里是指选出型的集体诉讼。现在证券法上的集体诉讼制度已经建立了。但是，公司法上还没有建立类似的股东直接诉讼制度，而代位诉讼实质上恰好就是一种集体诉讼，而且并非选出型的，它能够在某种程度上避免公司法没有集体诉讼制度的缺陷。所以，从这个角度看，投服中心似乎可以把握这样一个大方向，就是有关证券信息披露的问题，尽量采用证券特别代表人诉讼，而有关违反信义义务的问题，则可以多借助股东代位诉讼。也就是说，投服中心如果要发起代位诉讼，可以多盯住董事、高管在经营决策中的利益冲突和谨慎决策问题，而不必过多关注信息披露。

第二是要把握直接诉讼与代位诉讼的关系。前面已经讲到，代位诉讼本质上是一个例外，是股东干预管理层的经营决策权，当然，这里牵涉的一个大问题就是股东中心主义还是董事会中心主义。我简单说产权与经营权的分离是社会专业分工的必然趋势。对投服中心来说，在准备提起股东代位诉讼之前，可以考虑一下，诉讼将要针对的董事、高管的某项决策、行动，是自己比较有经验、有信息来判断它的好坏，还是公司的董事会更有能力做这种判断。如果董事会没有利益冲突，有关公司的经营决策——包括要不要追究某位董事、高管的经营决策责任这一个决策——通常是由董事会作出更加合适。

这一点在代位诉讼制度下特别重要，因为公司法上的前置程序对执意要提起诉讼的股东，实际上是没有多少制约的。只不过由于一般股东对提起代位诉讼没有多少动力，所以目前还看不出这种前置程序的问题。但是投服中心不是普通的股东，抑制一般股东发起代位诉讼的障碍不会影响投服中心。因此，希望投服中心能够妥善把握好尺度，在没有利益冲突的情况下，尽量尊重董事会的决策。归根结底，诉讼的成本让公司经理没有办法集中心思经营公司。

再顺便提一句，投服中心发起代位诉讼，其他股东是没办法选出的，和证券特别代表人诉讼不一样，所以不用代位诉讼来取代股东直接诉讼，也是尊重其他股东处置自身诉讼权利的需要。当然，这里的前提是要分清楚哪些问题属于直接诉讼的范围，哪些又属于代位诉讼的范围。这又是个不容易回答的问题。笼统地说，对越是多的公司利害相关者会产生影响的问题，越是可能成为代位诉讼的问题，因为这样的问题越是可能构成对公司，而不是股东个人的伤害。

在上面两个原则之外，有的时候，投服中心也可以根据实际情况，灵活选择诉讼策略,发挥自身优势,帮助一般的投资人主动维权。比如,投服中心可以以违反真实披露信息的信义义务为由,发起股东代位诉讼,以便厘清虚假陈述的基本事实,帮助其他股东发动证券纠纷普通代表人诉讼。

以上是我对投服中心发动股东代位诉讼的一些浅见。谢谢大家!

议题4:投保机构股东代位诉讼的选案考量因素

南京中院金融借贷审判庭庭长黄伟峰在第四届中小投资者服务论坛投保机构股东代位诉讼实务探讨专题论坛上的发言

投保机构股东代位诉讼的选案原则和程序构建

黄伟峰 *

各位嘉宾:

下午好！我跟大家交流的主题是投保机构股东代位诉讼的选案原则和程序构建。

2019年《证券法》第94条第3款确立了中国特色的特殊股东代位诉讼制度,与2018年《公司法》第151条规定的普通股东代位诉讼制度协同互补,共同构建了新时代具有中国特色的股东代位诉讼制度。现阶段,以投保机构作为股东,代表上市公司提起代位诉讼的基本制度格局已经初步形成。然而,如何从制度规划图转变为实景效果图,真正激活资本市场股东代位诉讼的制度功能,设置科学合理的选案原则和选案程序,以有限资源发挥制度最佳效果,是投保机构股东代位诉讼需要探讨的重大问题。

一、投保机构股东代位诉讼的价值定位

股东代位诉讼,是指当公司的合法权益遭受损害,而公司怠于诉讼时,符合法定

---

* 南京市中级人民法院金融借贷审判庭庭长。

要件的股东为公司的利益以自己的名义对侵害人提起诉讼,追究其法律责任的诉讼制度。股东代位诉讼的制度逻辑在于,公司规模的扩大化和公司股东的分散化,增加了公司经营层违背信义义务、侵犯公司利益的可能性,为了防止独立董事、监事会等公司事前监督机制的懈怠和失败,有必要赋予股东代位诉讼提起权,强化事后监督的补充和救济作用,以实现损害公司利益的救济补偿机能和惩戒违法行为的抑制威慑机能。因此,股东代位诉讼兼具"代位性"和"代表性":一方面,起诉股东是代位公司行使诉权,以避免因公司消极不行使诉权而遭受损失;另一方面,起诉股东是代表全体股东行使诉权,以维护全体股东所应享有的间接利益。但是股东代位诉讼的制度初心在资本市场的运作实践中面临两大挑战:

第一,激励不足、制度休眠。股东代位诉讼的重要特征是,股东代公司起诉,即使胜诉,赔偿金额归于公司。因此,起诉股东所承担的成本与潜在预期收益之间存在严重不均衡,再加上中小股东能力不足的问题导致了我国司法实践中的股东代位诉讼数量有限,针对上市公司的股东代位诉讼更是寥寥无几。既有的实证研究资料表明:2005~2013年,我国股东代位诉讼纠纷数量每年在9个案件上下波动;2014~2019年股东代位诉讼案件数量增长到每年40件左右,但2005~2019年的14年间共333件股东代位诉讼中针对上市公司的案件仅有2件。

第二,追盈逐利、滥诉扰诉。股东代位诉讼的门槛过低,诉讼过易也会产生滥诉的风险,使公司不堪其扰,公司不仅无法安心正常经营导致业务萎缩,还要支付高额的时间成本和应诉费用。美国20世纪70年代就曾出现盛极一时的股东代位诉讼现象,代理律师过度追求自身收益,常常发动不必要的股东代位诉讼,使诉讼本身偏离了股东利益的轨道,浪费了宝贵的司法资源。更有甚者,有公司恶意诉讼,采取先发制人的手段,指使某些股东抢先提起股东代位诉讼,然后以低廉的代价和解获得不当利益,阻却其他中小股东的诉讼机会,使公司受到双重欺诈。

2019年《证券法》应前述两大挑战,创设了投保机构股东代位诉讼制度,专门规定了投保机构作为原告提起股东代位诉讼的资格,并且对投保机构这一特殊股东的持股比例和持股时间进行了豁免,体现了立法者鼓励投保机构引领上市公司股东代位诉讼的鲜明导向。同时,作为公益性组织的投保机构,更能真正做到以投资者整体利益为依归,使公司免受滥诉、恶意诉讼干扰,从而使股东代位诉讼在激励与约束的平衡之中,实现维护上市公司整体利益和惩戒威慑违法行为的制度初心。

二、投保机构股东代位诉讼的选案原因

2019年《证券法》第94条第3款规定，当公司的合法权益遭受损害，“投资者保护机构持有该公司股份的，可以为公司的利益以自己的名义向人民法院提起诉讼”。“可以”二字赋予了投保机构选案权利。

投保机构选案是由其公益性质和有限资源决定的。2014年，中国证监会成立中证中小投资者服务中心（以下简称投服中心），并赋予其持股行权的职责。截至2021年4月底，投服中心共持有4279家上市公司（含科创板公司）每家1手（100股）A股股票及之后因送、转股增持的股票。侵害上市公司利益的情形复杂多样，违法程度也各有不同，如果将所有情形都压在投保机构身上，其必定不堪重负，也缺乏现实可行性。作为由国家设立，靠公共资金支持的公益性机构，投保机构必须把有限的公共资源投入最有效的公共服务中去。而区分轻重缓急，则必然需要由投资者保护机构基于对公益的理解，在个案中作出自主和独立判断。

投保机构选案也是股东代位诉讼补充性功能的必然要求。股东代位诉讼制度是弥补公司治理结构缺陷，事前监督机制失灵的事后补充手段，属于非常态的救济方式。通过司法诉讼要求相关责任人员赔偿公司损失固然重要，但这是“抓后端、治已病”；更重要的是激励经营者主动建立和完善公司内部控制系统、督促各类市场主体严格履行主体责任，在损害发生之前防止违法侵害行为，这才是“抓前端、治未病”。相较而言，股东代位诉讼制并非单纯以诉讼赔偿为目的，而是要通过诉讼实现威慑潜在违法者的功能。投保机构选择不同的案件，产生的震慑效果也不会相同，只有经过审慎认真和严格论证的选案，投保机构才能把有限的公共资源用在加强震慑力的刀刃上，使股东代位诉讼制度真正成为悬于实际控制人、控股股东、董监高等“内部控制人”头上的“达摩克利斯之剑”。

三、投保机构股东代位诉讼的选案原则

为了更好地发挥投保机构股东代位诉讼的制度优势，有必要进一步明确投保机构在选择案件时应遵循的原则，以供在选案考量时作为实体指引。

一是依法选案原则。投保机构选取案件时，首先应当遵循法律法规、司法解释和

中国证监会规定的要求,既不能超越法定授权,也不应回避职责。我国《公司法》及《证券法》对股东代位诉讼的规定虽然仍不够完备,但最高人民法院通过司法解释、会议纪要的方式对股东代位诉讼的原告资格、被告范围、当事人地位、胜诉利益归属、费用负担、前置程序、反诉、调解等具体适用问题规定了操作规则,提升了股东代位诉讼的可诉性和可裁性。投保机构应当将上述规定的政策精神研究透彻,并持续关注股东代位诉讼领域的立法进展,在一些具有重大理论争议和实践争议的问题上,与现行有效的法律规定保持一致。

二是公益优先原则。在数量众多的符合法定标准的案件中,投保机构作为公益性组织,要选择重大、典型、具有示范意义的案件。只有选择这样的案件,才能最大限度地发挥震慑效应,整肃整个资本市场的秩序,这样一种利益会均匀遍布全体资本市场的投资人,从而突破损害赔偿的私益性,彰显股东代位诉讼的公益性。建议"重大性"主要侧重从案件的社会影响,群众关注度角度予以考量,"典型性"主要侧重从侵害行为的严重性、长期性、广泛性角度予以考量;"示范性"主要从法律争点解决,对制度变迁具有引领性和趋向性的角度予以考量。总之,投保机构要将形成重大社会影响作为目标导向、行为导向和结果导向,才能不负职责使命。

三是比例遵循原则。这主要是投保机构在研判案件时应当遵循的原则,在对某一具体个案可以采用多种投资者保护手段时,应当就手段与目的的关系权衡更为有利者而为之。例如,在股东和公司就同一事项均有诉权时,从股东代位诉讼设置基础以及构造的复杂性和特殊性来看,投保机构就应当选择股东直接诉讼而不选股东代位诉讼。又如,违法行为人已经通过刑事、行政等其他方式承担了相应法律责任,自身偿付能力有限,即便案件胜诉也不能实现股东代位诉讼的制度目的,则投保机构应慎重考虑。此外,在其他股东已经提起股东代位诉讼的场合,投保机构可以视情况选择支持诉讼或者作为共同诉讼的原告参加诉讼。

四是尊重商业判断原则。任何制度都有其负面作用,股东代位诉讼也不例外,股东代位诉讼极有可能剥夺公司管理者基于商业判断为公司利益正当行使的权力。公司经营必然伴随风险,面对复杂多变的商业环境,管理者应当依据其专业知识及经验,经多方深思熟虑后进行专业商业判断。基于诚实、善意、理性的商业判断即使让公司受到损失,也不应认定董事对执行职务存有懈怠。投保机构在选择案件提起股东代位诉讼时,应当在"保护公司利益"与"维护经营者正当行使职权"之间找到一个较稳定的平衡点,避免事后式的、非专业化地对经营者提出过高的、不切实际的要求,压制经营者对商业风险作出理性反应的能力和毅然抉择的勇气。基于制度起步阶段的慎重起见，投保机构可以先把选案重点放在董事、高管违反忠实义务或履行注意义务具有明显重大过失这类情形上。

四、构建公平公正公开的选案程序

公平、公正、公开的选案程序是选案目标和原则得以贯彻实施的重要保证。投保机构要建立起科学有效、良性运行的选择机制，确保不偏离投保机构股东代位诉讼的制度价值而作出相关决定。对此，我提出以下建议，仅供参考。

首先，选案视野要宽。有关机关作出行政处罚或刑事制裁的案件，固然可以减轻投保机构的调查取证责任，提升胜诉的可能性。但胜诉可能性和调查取证的成本收益考虑，是在最终决定时的考量因素，不宜作为准入门槛的前置条件。投保机构作为监管机构的重要补充力量，也要通过对违法行为的信息收集，成为独立发现违法行为、独立起诉违法行为的主体，打造有社会影响的典型案件，从而更好实现威慑功能。因此，可以确定几个选案的线索来源，如受监管处罚的案件、社会舆论反映强烈的案件、持股行权中自主发现的案件等，适当降低准入门槛、扩大可选案件的范围。

其次，分析研判要精。对从多种途径收集的案件列表，投保机构可以逐案从违法行为、证据支撑、法律争点、社会影响等方面进行分析研判，不要根据规模、股价、声誉等外在指标形成系统性倾向，重点是分析有没有违法行为的嫌疑、是否符合法定的起诉条件、案件胜诉的可能性等更具有实质意义的法技术问题。在分析案件的证据证明力、法律争点后认为该案获得胜诉的希望不大的，投保机构则可选择不参加该案，而把宝贵资源投入其他案件中。在分析研判的轻重缓急方面应当主要以是否临近诉讼时效、阻却违法行为是否迫切等作为重要考量依据。

再次，最终决定要准。投保机构可以通过集体研究的方式，在权衡研判案件基数和自身工作量饱和度的基础上，确定季度或年度启动股东代位诉讼的选案比例。在选案比例确定之后，由选案委员会在分析研判的案件总数中，根据综合考量选案四个基本原则，以投票的方式公平选出拟启动股东代位诉讼的案件。如果有的案件在事实认定或者法律适用方面争议较大，可以在投票前预先邀请相关领域专家进行论证评估，提升决策的科学性。

最后，诉前督促要实。2019 年《证券法》第 94 条第 3 款，没有对投保机构提起股东代位诉讼应否履行前置程序予以明确。但从法理分析,股东代表诉讼本质上是一种间接诉讼,除非存在法定豁免情形,股东未“穷尽公司内部救济途径”前,不能提起间接诉讼。因此,投保机构在选案确定之后,要认真履行诉前督促程序,一方面,可以充分利用公司内部监督机制,给予公司最后的考虑机会;另一方面,也可以促使投保机构慎重考虑,过滤无价值的诉讼。

当然,公开也是选案程序的应有之义,投保机构应当通过多种传播渠道适时、适度公布选案的基本流程和程序进展,提升选案工作的透明度,以开放的姿态提升公众对投保机构的接受度和满意度。

五、结　束　语

2019年《证券法》对投保机构引领股东代表诉讼的制度定位,在世界范围内具有创新性和先进性。但“制度走得远”还需要“实践走得好”予以呼应,衷心希望投保机构通过自主和独立判断,谨慎选择和塑造具有重大社会影响的股东代位诉讼案件,为依法从严打击证券违法活动、推动提升上市公司质量,促进资本市场健康稳定发展作出新的更大的贡献。

复旦大学法学院教授段厚省在第四届中小投资者服务论坛投保机构股东代位诉讼实务探讨专题论坛上的发言

对投保机构提起特别派生诉讼之诉由的思考

段厚省*

感谢主办方提供这个学习与交流的机会。这次会议议程将我安排在投服中心提起特别派生诉讼的选案考量因素这个主题下,由于之前承接过投服中心的课题,对投保机构提起特别派生诉讼的诉由问题进行过思考,所以今天就这个问题谈谈我的看法。

* 复旦大学法学院教授。

首先,为什么要对投保机构提起特别派生诉讼的诉由进行研究。关于这一点,有以下两个方面的考虑:

第一,投保机构的职责不是证券投资,而是维护证券市场秩序,维护中小投资者利益,因此它所提起的派生诉讼,在目的上就与普通的证券投资者所提起的股东派生诉讼存在区别。简单来说,投保机构的诉讼目的具有公益性质,普通投资者的诉讼目的具有私益性质。所以在选案方面,二者应有所区别,投保机构应选择对证券市场影响较大、具有典型意义的案件,且在诉由的选择上,应侧重于选择我国证券市场建立以来那些具有普遍性、典型性和持续性的违法行为作为规制对象。

第二,2019 年《证券法》第 94 条第 3 款对投保机构特别派生诉讼规定较为抽象,仅规定"发行人的董事、监事、高级管理人员执行公司职务时违反法律、行政法规或者公司章程的规定给公司造成损失,发行人的控股股东、实际控制人等侵犯公司合法权益给公司造成损失"的行为,而这些行为在具体表现上多种多样,需要将具有普遍性和典型性且监管部门屡禁不止的行为进一步具体化,从而使特别派生诉讼更具有可操作性。

其次,哪些行为是具有普遍性和典型性且是监管部门屡禁不止的行为。目前来看,至少以下几种行为,符合上述特征,应列入投保机构提起特别派生诉讼的诉由范围:

一是大股东违规占用上市公司资金的行为。大股东占用上市公司资金,使上市公司沦为大股东的"提款机",是中国证券市场屡禁不止的现象。有研究报告曾指出,大股东占用的上市公司资金,约占上市公司从证券市场全部所融资金的 10%,这是一个很高的比例。这种行为当然影响上市公司经营,破坏上市公司业绩,损害广大中小投资者利益。从规范公司治理和证券市场交易秩序以及保护中小投资者利益的角度来看,此行为应当被列入投保机构特别派生诉讼的诉由范围。

二是上市公司违规对外担保的行为。上市公司违规对外担保,也是我国上市公司治理和证券市场中一个显著的问题。上市公司违规对外担保,往往给公司造成巨额损失。尤其一些链式担保,一旦出现问题,往往会给证券市场带来波动,损害投资者利益,破坏证券市场资金稳定性。此种行为也应当列入投保机构提起特别派生诉讼的诉由范围。

三是上市公司不正当关联交易行为。上市公司不正当关联交易,也是我国上市公司治理和证券市场存在的问题。不正当关联交易造成上市公司资产损失,同时也意味着广大中小股东的利益受到损害。此外,公司因为不正当关联交易而形成的各项虚高指标,往往会引导广大不知情投资者作出错误的投资判断,增加其投资风险,一旦"东窗事发",则会直接造成广大投资者严重利益损失。因此,上市公司不正当关联交易的行为,也应当列入投保机构提起特别派生诉讼的范围。

四是上市公司违规披露行为。大股东占用公司资金、对外违规担保、进行关联交易,往往伴随违规披露,是上市公司在控股股东和实际控制人的控制下,为掩盖违法行为,进行违规披露。违规披露往往造成投资者损失,因而可能首先会引起股东直接诉讼,此种诉讼也可能是投保机构提起的证券特别代表人诉讼。公司因此进行赔付所造成的损失,是控股股东和实际控制人造成的。在此种情况下,从理论上来说,投保机构仍然有权提起特别派生诉讼,责令有过错的控股股东和实际控制人赔偿上市公司损失。

五是发行人控股股东不履行承诺的行为。发行人控股股东和实际控制人,为向市场及投资者展示信心、迎合监管审核要求从而顺利实现首发上市、股改、再融资、并购重组等目标,很多时候会作出资产注入、业绩补偿、解决同业竞争、股权锁定、股份回购等承诺。然而从实践情况来看,股东违背承诺的情况非常严重。股东不履行承诺事项,严重侵害上市公司的利益,也直接破坏了证券市场交易秩序。此种行为也应当被列入投保机构提起特别派生诉讼的诉由范围。

以上是我就投保机构提起特别派生诉讼之诉由范围的初步思考,供各位同仁参考,不足之处,请大家批评指正!

武汉大学法学院教授、院长冯果在第四届中小投资者服务论坛投保机构股东代位诉讼实务探讨专题论坛上的发言

建立科学的案件遴选机制 充分发挥特殊股东代表诉讼的激活和示范功能

冯 果*

众所周知,我国2019年《证券法》赋予了投服中心持股行权的法律盾牌。自投服

---

* 武汉大学法学院教授、院长。

中心成立以来,投服中心坚持"为民、奉献、专业、引领"理念,积极持股行权,特别是积极推动我国审判机制改革,在我国诉讼维权等审判领域进行了很多积极探索。今天我们讨论投服中心特别代位诉讼制度就有非常重要的意义。在此,我首先感谢投服中心的邀请,其为我们搭建了一个十分难得交流平台。今天我和大家分享交流的题目是"建立科学的案件遴选机制　充分发挥特别代位诉讼制度的激活和示范功能"。我主要谈三点内容。

一、2019 年《证券法》赋予投资者服务机构特殊的代位诉讼地位的制度意义

我国 2019 年《证券法》第 94 条第 3 款规定确立了投资者保护机构特殊的代位诉讼机制,发行人的董事、监事、高级管理人员执行公司职务时违反法律、行政法规或者公司章程的规定给公司造成损失,发行人的控股股东、实际控制人等侵犯公司合法权益给公司造成损失,投资者保护机构持有该公司股份的,可以为公司的利益以自己的名义向人民法院提起诉讼,而不受我国《公司法》关于持股期限和持股期比例的限制。这在世界上来讲,都是一个重大的制度创举,具有非凡的意义。其重要意义主要体现在以下三点。

其一,解决了投资者,特别是中小投资者,也就是中小股东诉讼意愿和能力不足问题。与普通股东诉讼也就是股东直接诉讼不同,代位诉讼的案件胜诉的收益归属公司,股东只能从诉讼收益的中间间接受益,因此,投资者(中小股东)提起代位诉讼的动力普遍存在不足,这已是一个世界性的难题。此外,即便是股东(投资者)有提起诉讼的意愿,也会存在专业能力、诉讼技巧以及时间精力不足的问题,确立以投服中心为代表的特别代位诉讼制度可以有效缓解上述难题。

其二,有利于净化市场环境。目前我国资本市场诚信缺失情况严重,上市公司中控股股东、实际控制人以及董监高通过违规担保、关联交易等"掏空"公司,严重损害公司利益的行为层出不穷,在资本市场中欺诈发行更是屡禁不止,虚假陈述成为资本市场的一大"痼疾"。大部分虚假陈述案件案例最终都是由上市公司向受损投资者赔付,但是实际组织、策划、实施这类行为的上市公司的大股东、实际控制人或者董监高却逍遥法外,上市公司的赔付实际上使投资者受到第二次伤害。通过投服中心等的特别代位诉讼制度,可以依"追首恶"原则予以追究,通过诉讼追责到真正的责任人,

发挥法律的震慑作用,进而净化资本市场环境。

其三,示范作用。股东代位诉讼是一种十分复杂的诉讼制度,通过该项制度可以充分发挥投服中心的专业优势,为该类纠纷的审理和解决提供有效帮助,也发挥其示范引领功能。

二、以公益和效率为原则、以激活和示范为中心,建立公开、公正、专业、透明的案件遴选机制

首先,案件遴选应该坚持效益、公益、公开、公正、专业的原则。投服中心是由国家设立、靠财政资金支持的维护投资者权益的公益机构。由于资金、人力、物力各个方面的限制,投服中心不可能"包打天下",必须把有限的资源用在"刀刃"上,因此必须选好案件。这就需要我们确立必要的选案标准,从而产生真正地有利于保护投资者权益和维护社会公益的社会效益,即在公益和效益原则基础上,建立公开、公平、科学、合理的选案机制。

其次,如何有效选案。回答这一问题还是需要回到激活代位诉讼制度和示范引领作用这一制度的设计初衷上来。我国早已建立股东代位诉讼制度,但就股东代位诉讼制度而言,相关案件数量非常有限,而且针对上市公司的股东代位诉讼更是寥寥无几,该制度规则可以说十分不活跃(尚未在真正意义上被激活)。我国所确立的投服中心特别代位诉讼就是针对上市公司中侵犯公司合法权益的上市公司的控股股东、实际控制人、董事、监事及高管这类特殊的主体,其设置目的就是要完善公司的内部治理,从而在资本市场激活股东代位诉讼制度。该项制度在上市公司中没被激活的原因,除投资者因属于间接受益而动力不足的原因之外,与这类案件的复杂性也密不可分。要激活该制度离不开好的示范引领,为此,投服中心需要精选案件,确定必要的选标准和程序。就程序而言,应包括案件资料准备、案情评估、专家研判以及案后总结等,这些都是保证案件顺利选取和有效推进的重要因素。

除上述程序外,更重要的是案件选取的实体标准,即应考量的关键因素。

三、选取案件应重点考量的因素

特别代位诉讼非常复杂,要发挥其示范和引领作用,必须慎重选择案件。选取案

件时应从社会影响性、典型性、胜诉率以及被告偿付能力等方面进行综合考量。重点关注以下几类案件。

第一类是具有重大社会影响的案件。上市公司实际人、控股股东、董监高损害公司利益的违反案件数量非常多,案情不一,社会影响有大有小,从激活上市公司股东诉讼和发挥示范功能来说,要挑选情节恶劣,社会影响大的案件,特别是数额巨大的案件,即常说的大案、要案。

第二类是具有典型性的案件。所谓典型性案件就是指在资本市场中反复出现、违法行为相似、具有普遍规律性的案件。通过这类案件的筛选以及诉讼的推进,可以为这类具有代表性的案件的审理积累经验,为更多股东代位诉讼纠纷案件的解决提供示范作用。

第三类案件是具有倾向性和引导性的案件。这类案件主要是当前资本市场问题比较突出、需要重点打击和严厉制裁的案件,而这类案件投资者往往还没有意识到自身利益已经遭受损害,或者即使意识到了也不知道如何提起诉讼、寻求救济。比如,针对资本市场中所出现的虚假陈述这类案件。其频发且会让投资者受到二次伤害,因此需要唤醒投资者的维权意识。对这类案件就需要我们重点关注。

第四类案件是胜诉概率高的案件。既然要激活该项制度、发挥示范引领作用,就不可能不考虑案件的胜诉率。如果屡屡起诉却屡屡受挫,那么就不能发挥正面的示范作用,而是起到负面作用。所以,案件的胜诉率也是我们选取案件应予以考虑的因素。

第五类案件是被告有偿付能力的案件。案件的执行效果直接影响案件的示范效果。如果案件胜诉但被告没有偿付能力,那么对被告就起不到应有的威慑和惩罚作用,当然也起不到好的示范效果。

除上述五个案件类型外,投保机构选取案件的标准应该比特别代表人诉讼宽松,最起码不应将案件限定在有行政处罚或刑事判决的前提之下,投保机构可以依据自己在持股行权过程中独立发现的违法、违规或违背公司章程的事实提起诉讼,以发挥该项制度的威慑作用。

四、结　束　语

选案机制是特别代位诉讼启动程序中的重中之重,直接决定代位诉讼示范和制度激活功能的发挥。投保机构应当结合案件的具体情况,秉持公益、公平、透明和专业的原则,对被告基本信息及经营状况、案件的社会影响、典型性和被告赔偿能力、案件胜诉率及复杂程度等进行认真分析和研判,选好案件、选准案件,更好地发挥投服中心代位诉讼制度的威慑作用,保护投资者的合法权益。

厦门大学法学院教授肖伟在第四届中小投资者服务论坛投保机构股东代位诉讼实务探讨专题论坛上的发言

肖 伟*

各位领导、专家学者:

大家好! 感谢组织者给我这次交流的机会。关于选案的考虑因素,事实上投服中心已经于 2021 年 3 月颁布了《证券诉讼案件评估工作管理办法》。在评估办法当中将案件分成了 4 类,其中第二类证券支持诉讼开展得如火如荼,已经有了 40 多件案件。第一类证券代表人诉讼,刚刚开始践行,有了一个案件。股东直接诉讼,也有了一个案件,就是上市公司海利生物侵犯股东选举董事的权利。今天我要探讨的股东代位诉讼,我认为现在有"半件",即上市公司美丽生态和其实际控制人贾某某因为虚假陈述对投资者进行了赔偿。美丽生态没有向其实际控制人进行后期的追偿,投服中心要求美丽生态向贾某某追偿。迫于压力,美丽生态向贾某某提起诉讼进行追偿。

厦门一家上市公司对一些涉及虚假陈述的董监高进行了追偿。原因是公司现任股东及实际控制人从前任股东并购股权,因前任股东及前任董监高实际控制公司期间公司发生了虚假陈述,故公司对前任的部分董监高提起了追偿。厦门法院出于公平考虑,追加了所有前任董监高作为被告。这不是一个股东代位诉讼,是公司直接诉讼。但我了解到,该公司认为以后如遇类似情况,最好不由公司直接诉讼,而是让投服中心提起股东代位诉讼为好。可能是因为股东代位诉讼实践现在仍不够丰富。投服中心在网上表明,将积极督促上市公司向作恶的实际控制人、董监高追责,并积极推进相应的股东代位诉讼,从民事追偿角度实现对违法行为的"零容忍"。投服中心

---

* 厦门大学法学院教授。

的这种态度十分值得肯定。我将投服中心应持的态度归纳为16个字:积极稳妥、循序渐进、重点突破、引领带动。

我认为,投服中心选取案件应当考量如下因素:

选案考量因素之一,便是要符合法律规定的条件,《公司法》和《证券法》都有这方面的规定,《证券法》的规定更加精炼。第一个条件,针对的对象是发行人的董监高和发行人的控股股东、实际控制人。第二个条件,针对的是董监高执行公司职务时违反法律、行政法规或者公司章程规定的行为,以及发行人的控股股东、实际控制人侵犯公司合法权益的行为。第三个条件,这些行为的结果是给上市公司直接造成损失,股东所受的是间接损失。在符合上述3个条件时,就可以提起股东代位诉讼了。特别注意,法律规定中的"可以",说明这是一个选择性的权利,而不是一个强制性的义务。在此,我希望投服中心积极行使法律赋予的权利,把这个权利当作自己的职责。

选案考量因素之二,就是必要、透明、公正、效率,切实保护投资者合法权益。就这一点我提两条建议:一是要突出强调惩戒性,即突出打击"首恶"和其他故意作恶者,而像独立董事这类虽认真履职,但是未能知情的董监高,不应被作为打击对象。二是要强调补偿性,适当地保护上市公司的利益。因为上市公司涉及多方利益,需要适当保护,且上市公司的利益实际上也是广大投资者的利益,若判令上市公司对外赔偿,那么投资者会遭受二次伤害。因此,上市公司应该积极向作恶者追偿,避免对投资者造成二次伤害。

《评估办法》列举了6项重点考虑因素,我这里就提其中的第1、4、5项。第一个考虑因素是案件的典型性、示范性。我认为,在这个方面不要怕重复,有些案件该做就应当去做。同时,要建立一个成本补偿机制,如果维权已经取得成效,那么应该从实际追回的损失当中优先支付这些实际花费的成本,正如破产费用在破产财产当中要优先支付一样。

胜诉的可能性是一个重要的考量因素,但是其不应当是决定性因素,同时还应该考虑案件的突破性和带动性。有些案件尽管不一定能胜诉,但是如果在法理上站得住脚,实践中又需要,我认为投服中心应该大胆地去尝试突破。

被告的赔付能力也是一个重要的考虑因素,但是其也不应该成为决定性因素,应该跟惩戒性结合考虑。如果对实际赔付没有把握,但是惩戒性非常好,也可以考虑选择该案件。特别是不应该低估董监高的赔付能力。有的时候,上市公司资产都是负的,没有赔付能力,而公司董监高的赔付能力却很高。

在代表人诉讼当中,投服中心在前述评估办法中也列了一些考量因素,其中的市场风险与社会风险、市场反应及中小投资者的意见与建议等,可能在股东代表诉讼当中表现得并不明显。关于提高上市公司质量和对资本市场改革发展的促进作用这两项,我认为也可以作为提起代位诉讼的考量因素。

最后,总结我个人的建议。虽然提起股东代位诉讼,法律规定为投资者保护机构的权利,但是我建议投保机构既然有这方面的资源、地位,也有这方面的能力,就应该积极作为,敢于担当,将其视为自己的职责。当前的主要矛盾不是精心选案,而是大力办案。案件的线索从哪里来?那么就要关注信息披露,关注行政处罚,关注民事诉讼,关注刑事判决。特别是目前在虚假陈述赔偿领域,当上市公司对外赔偿之后,向有关作恶者追偿方面做得还远远不够,应当作为以后工作的重点。此外,要奖励举报和提供线索者,发挥群众眼睛的力量,能获得更多的办案线索。

以上就是我发表的意见,欢迎大家批评指正。谢谢!

华东政法大学国际金融法律学院副教授肖宇在第四届中小投资者服务论坛投保机构股东代位诉讼实务探讨专题论坛上的发言

投保机构股东代位诉讼的选案考量因素

肖　宇*

尊敬的各位嘉宾,各位朋友:

大家下午好!很荣幸能参加第四届中小投资者服务论坛。保护中小投资者合法权益,实现资本市场持续健康发展。今天我想和大家一起讨论的是投保机构进行股东代位诉讼的选案考量因素。

在讨论这个问题之前,首先我们来看一下投服中心现有的诉讼体系和实践。2019年《证券法》赋予了投服中心多种诉讼地位,建立了支持诉讼、股东代位诉讼和特别代表人诉讼的多层次诉讼体系。股东代位诉讼在深圳的美丽生态案中“小试牛刀”,上市公司在投服中心的督促下已经主动向董事长提起了侵权之诉,代位诉讼“剑

* 华东政法大学国际金融法律学院副教授。

未出鞘”，就已经起到了有效的督促作用。

投服中心提起股东代位诉讼的意义在于：(1)从证券诉讼的实践情况来看，相关责任人承担责任的情形不多，公司代位承担责任是对中小股东的二次伤害。在现有的投资者诉讼中，有些仅对上市公司提起，有些即使将相关责任人列为共同被告，但由于他们之间是连带责任，往往也是由公司来承担赔偿责任。也就是说，公司在民事赔偿环节，不仅承担了自己需要承担的赔偿数额，还承担了董监高、控股股东和实际控制人需要承担的赔偿数额。这是对公司现有股东，特别是中小股东的二次伤害。(2)从股东代位诉讼的实证研究来看，上市公司的股东代位诉讼难度很大。实证研究表明，自《公司法》第151条规定股东代位诉讼制度以来，现有的司法案例中，有限责任公司股东提起的诉讼较多，股份有限公司提起的诉讼较少，上市公司更是寥寥无几，这与股份有限公司提起诉讼的门槛太高有关，要求连续持有股份180日以上，且单独或者合计持有1%以上股份的股东才有资格提起，这对上市公司来说难上加难。2019年《证券法》第94条赋权投服中心作为小股东，可以不受持股比例和持股时间的限制提起股东代位诉讼，为投服中心的持股行权提供了便利。

我认为，投服中心提起股东代位诉讼的选案标准，可以有以下几个方面的考虑：

第一，投服中心提起股东代位诉讼的适用范围比特别代表人诉讼更宽泛。特别代表人诉讼被称为证券诉讼中的“大规模武器”，适用的是典型重大、社会影响大的案件，股东代位诉讼就是“精准打击”个人违法行为，提起的条件更简单，应该适用的范围更广，效果会很好。当然，投服中心提起股东代位诉讼不是目的，而是实现路径。如果能有效督促上市公司自行提起诉讼，也是很有成效的结果。因为即使投服中心提起股东代位诉讼也是有前提条件的，《公司法》第151条规定，监事会或者董事会收到适格的股东书面请求后拒绝提起诉讼，或者自收到请求之日起30日内未提起诉讼等情形才能适用。如果能利用投服中心特殊公益股东的影响力，督促上市公司自行提起诉讼，维护公司权益，将得到节约投服中心有限的资源，充分调动市场积极性的结果。

第二，对提起诉讼的案件类型与被告的赔付能力的考虑。股东代位诉讼提起案件的类型，从司法实践来看，在有限责任公司中，主要有针对董监高违反信义义务的案件，如关联交易、违规担保、资金占用等，也有针对控股股东和实际控制人滥用控制权的。对上市公司，不但存在上述的情形，由于其公众性和监管规则更加复杂，还会有新的类型，如组织、策划、实施虚假陈述行为，违反减持承诺等，因此，需要扩大传统的股东代位诉讼的案件适用类型。

被告的赔付能力关涉公司的获偿金额。然而,也要接受在实践中不能足额赔偿的常态。例如,美国的集团诉讼主要通过和解结案,投资者的获赔率只有2%左右;再如,康美药业现在已经进入破产重整程序,无论是公司还是高管和实际控制人,赔付能力可能都有限。所以,在选案时既要考虑被告的赔付能力,也要接受现实中不足额赔偿的常态。

第三,股东代位诉讼与其他诉讼模式的配合。通过实践发现,在支持诉讼或特别代表人诉讼中有些不尽如人意的地方。在支持诉讼的美丽生态案中,投资者向美丽生态的上市公司和其他侵权的个人提起了诉讼,最后案件以调解结案,上市公司"主动"承担了赔偿投资者的所有金额,而相关个人责任人则安然无恙。在特别代表人诉讼康美药业案中,被告多达20多个,既有上市公司,更有责任个人,也可能出现类似的判决结果。在这种情形下,股东代位诉讼就可以派上用场,启动"支持诉讼+股东代位诉讼"及"特别代表人诉讼+股东代位诉讼"的模式为实现"追首恶"提供了路径。

第四,需定位好投服中心作为公益组织与市场的关系。投服中心作为公益机构,其人力和物力是非常宝贵和有限的,其发挥的作用,是与律师发起的诉讼相互支持与补充,共同协助投资者通过诉讼的方式维护正当的权利。因此,需要充分发挥市场机制,对证券律师有能力、有动力去做的案件,就应发挥市场的主动性。对律师在经济上没有动力,或者办案难度较大的案件,作为公益机构的投服机构则大有可为。对特别代表人诉讼,投服中心在条件成熟时选取典型重大、社会影响大的案件进行诉讼。对股东代位诉讼和支持诉讼,《证券法》赋予投服中心特别权利,投服中心可以根据需要更多地提起这类诉讼。

只有将市场资源充分地调动起来,将投资者的维权意识发动起来,投服中心做好诉讼引领和诉讼补位的工作,建立起多层次全方位的诉讼体系,才能切实保护好投资者的权益。根据法律与金融理论,投资者的保护程度与资本市场的繁荣程度成正比。保护中小投资者合法权益,是实现资本市场持续健康发展的关键,需要市场、监管、司法和公益机构的共同努力!

中证中小投资者服务中心副总经理刘磊在第四届中小投资者服务论坛投保机构股东代位诉讼实务探讨专题论坛上的发言

刘　磊*

本次分论坛以线上方式成功举办,感谢与会嘉宾从不同角度为投保机构股东代位诉讼工作建言献策,为投服中心这项工作的开展指明了方向！下面,我对各位嘉宾的发言作简要总结。

关于议题1“新证券法下投保机构股东代位诉讼的价值定位”,几位嘉宾重点围绕新修订《证券法》视野下投保机构股东代位诉讼的功能和价值,就投保机构股东代位诉讼的社会功能、制度资源、维权策略以及实务问题作了发言。

在议题2“投保机构股东代位诉讼的关注焦点”部分,嘉宾结合日常监管中“关键少数”的认定和责任,从如何提高违法违规成本,提升上市公司质量角度谈了一些深刻认识。交流了投保机构股东代位诉讼的法律特征、司法实践,探讨了代位诉讼中“追首恶”的界定及需要把握的问题,从如何充分发挥投保机构股东代位诉讼法定功能进行了专业分析。

关于议题3“当前投保机构股东代位诉讼的主要障碍与应对建议”,嘉宾指出了投保机构提起代位诉讼具有天然优势,投服中心应认真研究信义义务,在股东代位诉讼中发挥主观能动性。同时,也要注重股东直接诉讼和代位诉讼的转化,在诉因日益扩大的情况下,如何防止滥诉可能以及如何妥善地选择包括特别代表人诉讼、股东直接诉讼及代位诉讼在内的三种不同诉讼形式,最有效地实现投资者保护的目的。

在议题4“投保机构股东代位诉讼的选案考量因素”部分,嘉宾分析了对代位诉讼的诉由进行研究的必要性,明确投保机构应当秉持公益、公平、透明和专业的原则,谨慎选择案件,对大股东资金占用、违规担保等具有普遍性、典型性、高发性的行为,应当列入代位诉讼的诉由范围,同时也要定位好投服中心作为公益组织与市场的关系,对投保机构股东代位诉讼选案考量提出了许多有益建议。

---

* 中证中小投资者服务中心副总经理。

本次论坛主题突出、内容丰富、意义重大,相信在市场各方的大力支持下,投保机构股东代位诉讼工作能够稳健开展,投服论坛一定会越办越好,投服中心的投资者保护事业也会更上一层楼!期待明年再见!

征稿启事

中证中小投资者服务中心(以下简称投服中心)是由中国证监会批准设立并直接管理的证券金融类全国性公益机构。《投资者》是投服中心主办、拟向社会公开连续出版的综合性出版物。宗旨是维护投资者权益,为投资者提供保护与服务。

《投资者》以法学领域探究为侧重点,展现国内外投资者权益保护的最新理论与实务动态,内容以境内为主,境外为辅;以实践为主,理论为辅。分为"政策解读""理论探究""公司治理""市场实务""投教园地""案例探析""域外视野"等部分,每辑根据实际情况作适当调整。

《投资者》拟每季度出版1辑,全年出版4辑。

一、征稿范围

涉及法学、经济学及其他领域,与投资者尤其是中小投资者及其权益保护相关的理论和实践性作品。要求未曾公开发表或主体部分未曾公开发表。

二、投稿须知

1. 文章应当论点鲜明、逻辑严谨、可读性强、贴近市场,具有学术深度和实践应用价值,字数在8000~10,000字为宜,特别优秀的理论文章字数不限。

2.《投资者》编委会保留对来稿进行文字性和技术性修改的权利。除作者特别说明外,其文章均为个人观点,与其所在单位、职务无关;不代表投服中心观点,文责由作者自负。

3. 来稿请附上作者的姓名、单位或学校、职称或职务、通信地址、邮编、电话、电子邮箱。

4. 请将Word文件发送至电子邮箱:tzzbjb@isc.com.cn。文章应符合国家著作权规定、学术规范及《投资者》编辑体例要求。

5. 来稿一经录用,编委会将及时通知作者;选用后将根据文章质量及字数从优支付稿酬,并奉送样书。北大法宝法学期刊数据库全文收入本书。

6. 联系人:王昕宸　　电话:021 - 60290646

地址:上海市浦东新区世纪大道 1701 号钻石大厦 B 座 11 楼中证中小投资者服务中心《投资者》编委会,邮编:200122。

投服中心

《投资者》编委会

2021 年 11 月

编辑体例

一、标题:宋体四号字,加粗,居中。

二、作者:宋体小四号字,居中,并用上标星号(＊)作为介绍作者脚注的标志,在脚注中注明作者工作单位、职务、职称。如有两名作者,第二名作者用两枚上标星号(＊＊),以此类推。

三、摘要、关键词:中文摘要200字以内、关键词3～5个。

四、正文:宋体小四号字,首行缩进,行距1.5倍。区分标题和要点,标题层级依次为"一、……""(一)……""1. ……""(1)……"要点层级依次为"1. ……""(1)……""①……"一级标题采用小四号字体加粗;二级标题采用黑体小四号字不加粗;三级标题宋体小四号字,不加粗。引用具体法律文件应加书名号,如《证券法》《上市公司重大资产重组管理办法》。法条序号(第×条、第×款、第×项)、时间(世纪、年代、年月日等)、数量金额等用阿拉伯数字,但直接引用原文的从原文。

五、注释:一律采用脚注,全文每页重新编号,注码放标点之后,注码符号为"①②③……"非引用原文者,注释前加"参见";引用资料非原始出处者,注明"转引自";宋体五号字。

常见注释示例如下:

1. 著作类

(独著作品)费孝通:《乡土中国》,人民出版社2015年版,第134～135页。

(合著作品)范健、王建文:《商法的价值、源流及本体》,中国人民大学出版社2007年版,第10页。

(多人合著作品)左卫民等:《中国基层司法财政变迁实证研究(1949—2008)》,北京大学出版社2015年版,第88页。

(编辑作品)何勤华编:《律学考》,商务印书局2004年版,第65～67页。

(中文译著作品)[英]洛克:《政府论》(上篇),瞿菊农、叶启芳译,商务印书局 1982 年版,第 15 ~ 16 页。

(台港澳作品)王泽鉴:《人格权法》,台北,三民书局 2012 年版,第 15 页。

(间接引用文献)参见王泽鉴:《民法学说与判例研究》,北京大学出版社 2009 年版,第 108 页。

2. 期刊论文类

(期刊)闫召华:《概率原理在犯罪嫌疑人摸排中的应用》,载《中国人民公安大学学报(社会科学版)》2013 年第 5 期。

(论文集)尹田:《法国合同责任的理论与实践》,载梁慧星主编:《民商法论丛》第 3 卷,法律出版社 1995 年版。

(学位论文)雷丽清:《中美内幕交易罪比较研究》,华东政法大学 2012 年博士学位论文,第 12 页。

3. 报纸类

陈甦、陈洁:《投服中心持股行权:理念创新与制度集成》,载《上海证券报》2017 年 1 月 4 日,第 7 版。

4. 古籍类

《清实录》卷一四六。

5. 辞书类

《牛津法律大词典》,光明日报出版社 1988 年版,第 99 页。

6. 网络类

汪波:《哈尔滨市政法机关正对"宝马案"认真调查复查》,载人民网 2004 年 1 月 10 日,http://www.people.com.cn/GB/shehui/1062/2289764.html。

单素华:《证券纠纷特别代表人诉讼相关程序性法律问题分析》,载新华网,http://www.xinhuanet.com/finance/2020-09/04/c_1126452998.htm。

7. 裁判文书

北京市海淀区人民法院民事判决书,(2018)京 0108 号民初 142 号。

8. 外文著作类

Richard H. Thaler, *Misbehaving: The Making of Behavioral Economics*, W. W. Norton & Company, 2015, p. 6.

9. 外文期刊类

Forrest Briscoe and Katherine C. Kellogg, *The Initial Assignment Effect: Local Employer Practices and Positive Career Outcomes for Work-Family Program Users*, 76 American Sociological Review,292(2011).

10. 外文案例类

Greebel v. FTP software,Inc. ,194 F. 3d 185(1st Cir. ,1999).

11. 外文网站类

Stephen McDonell,*When China Began Streaming Trials Online*,BBC News(Sept. 30,2016),https://www. bbc. com/news/blogs-china-blog－37515399.